DES EFFETS

DES JUGEMENTS D'ADJUDICATION

SUR SAISIE IMMOBILIÈRE

PAR

Bertrand CARVÈS

DOCTEUR EN DROIT

————— ❋ —————

PARIS

LIBRAIRIE COTILLON

F. PICHON, Successeur, Imprimeur-Éditeur

Libraire du Conseil d'État et de la Société de Législation comparée

24 — Rue Soufflot — 24

—

1896

PARIS. — F. PICHON, IMPRIMEUR-ÉDITEUR, 24, RUE SOUFFLOT

DES EFFETS

DES JUGEMENTS D'ADJUDICATION

SUR SAISIE IMMOBILIÈRE

DES EFFETS

DES JUGEMENTS D'ADJUDICATION

SUR SAISIE IMMOBILIÈRE

PAR

Bertrand CARVES

DOCTEUR EN DROIT

———*———

PARIS

LIBRAIRIE COTILLON

F. PICHON, Successeur, Imprimeur-Éditeur

Libraire du Conseil d'État et de la Société de Législation comparée

24 — Rue Soufflot — 24

—

1896

INTRODUCTION

HISTORIQUE

La mutation de la propriété d'un immeuble n'a pas d'effet, en principe, sur les droits réels dont l'immeuble peut être grevé au profit des tiers et qui ont été antérieurement constitués. Le droit de propriété, alors, n'est pas transmis à l'acquéreur dans toute sa plénitude ; il ne prend naissance au profit de ce nouveau titulaire que diminué ou amoindri ; un autre que lui peut en exercer les attributs utiles, tels que le droit de jouissance ; un droit de servitude peut grever l'immeuble en faveur d'un fonds voisin ; le droit de disposer lui-même peut être entravé par des sûretés réelles constituées pour la garantie d'une dette contractée par un propriétaire antérieur, de sorte que le détenteur actuel répond sur son fonds du remboursement d'une somme dont il n'a pas profité, parce que l'immeuble porte sa dette avec lui. De plus, les précédentes mutations dont l'immeuble a été l'objet pouvaient être entachées d'un vice, dont l'effet sera d'atteindre le droit de propriété du détenteur lui-même et d'effacer les droits qu'il a pu concéder à des tiers sur l'immeuble ou le contrat par lequel il en a disposé.

Ces droits d'espèces diverses, charges foncières, sûretés réelles, actions réelles immobilières, ont un caractère commun, un trait commun à tous les droits réels, le droit de suite ; ils survivent à toute aliénation, à toute mutation entre vifs ou par décès dont l'immeuble est l'objet, et sont opposables à tous les détenteurs successifs. Il n'est pas un des modes dérivés d'acquisition de la propriété, qui transmette à l'ayant-cause un droit plus étendu sur l'immeuble que l'était celui de son auteur.

Seul, le propriétaire qui ne tient son droit de personne, celui chez lequel le droit de propriété prend son origine, sans disparaitre en même temps d'un autre patrimoine, acquiert un bien franc de toute charge. Ainsi en est-il des choses acquises par l'occupation. Mais il est admis que l'occupation ne saurait faire acquérir la propriété des immeubles, car les biens qui n'ont pas de maitre et qui sont vacants, tels que ceux qui dépendent d'une succession abandonnée ou dont le propriétaire n'avait pas d'héritiers, reviennent à l'État (art. 539 et 713). L'occupation ne peut s'exercer que sur les meubles, et lorsqu'ils ne font pas partie d'une universalité mobilière, telle qu'une succession en deshérence.

Il est un cas, cependant, où la transmission de la propriété immobilière s'effectue dans des conditions toutes spéciales. Un débiteur qui contracte une obligation peut affecter à son exécution la valeur d'un ou de plusieurs de ses immeubles ; au cas où il ne remplit pas son engagement au terme fixé, l'immeuble est aliéné, et son prix attribué aux créanciers auxquels la sûreté réelle avait été accordée. Mais cette aliénation ne se fait pas, depuis le plus ancien droit français, sans l'accomplissement de formalités légales, obligatoires à peine de nullité, et sans l'intervention de la justice, qui préside à la déchéance du droit du débiteur sur son bien et pourvoit en même temps à son attribution à un propriétaire nouveau. L'immeuble distrait du patrimoine du saisi en vertu de la loi, placé sous la main de la justice, attribué par la décision d'un tribunal à l'adjudicataire, est-il immédiatement transféré du débiteur exproprié au dernier enchérisseur ? N'est-ce pas plutôt des mains de la justice que l'adjudicataire le recueille ? Et l'on se demande alors si toute trace de l'ancienne propriété du saisi n'est pas effacée par son expropriation. Le droit de l'acquéreur ne sera-t-il pas un droit à une propriété neuve, de façon que l'immeuble, en quelque sorte renouvelé, renaisse en ses mains libre de charges de toute nature, en l'état d'un bien sans maître acquis par occupation ? ou la chaîne des mutations successives ne sera-t-elle pas brisée, et l'adjudicataire ne

sera-t-il que l'ayant-cause du saisi, son droit ne s'impri-
mera-t-il que sur un immeuble toujours grevé des charges
accumulées dans le passé ? Telle est la question qui fait le
fond de cette étude ; de sa solution doivent dériver comme
autant de conséquences tous les effets de l'adjudication
sur saisie immobilière.

Deux intérêts qui paraissent à première vue opposés
sont ici en présence : celui de l'adjudicataire et celui des
ayants-droit sur l'immeuble. Créer une propriété neuve,
c'est anéantir les droits des tiers, en particulier ceux des
incapables que les législations garantissent d'ordinaire par
des sûretés réelles.

Mais c'est aussi conférer à l'adjudicataire un droit incommutable sur un immeuble franc ; c'est par suite ac-
croitre les offres des enchérisseurs et le prix d'adjudication ; c'est favoriser par conséquent aussi bien que l'acquéreur, les créanciers et le saisi lui-même ; car tous ceux
qui traitent avec un débiteur lui ouvrent plus ou moins
largement leur crédit, selon la valeur que l'on pourra retirer de ses biens au cas où ils seront saisis. Ainsi l'intérêt
de l'adjudicataire, celui du saisi et celui de ses créanciers
n'en font qu'un. Le crédit immobilier ne peut se développer que si l'expropriation forcée dégage de l'immeuble
saisi, sans trop longs retards, **sa véritable valeur pécuniaire.**

Mais une distinction est ici nécessaire. Les droits réels qui grèvent l'immeuble aux mains de ses détenteurs successifs se présentent sous deux aspects. Les uns sont de véritables démembrements du droit de propriété, ils confèrent l'exercice d'un de ses attributs utiles ; ainsi les servitudes, l'usufruit. Leur trait commun est d'être exercés pour eux-mêmes, pour l'utilité qu'ils procurent soit à un autre fonds, soit à une tierce personne. Les autres ne procurent à leur titulaire, aucune utilité actuelle. Leur existence se rattache à celle d'une créance existant contre un des propriétaires successifs de l'immeuble ; ce sont des droits accessoires qui affectent à la garantie du droit de créance, le droit principal, la valeur pécuniaire de l'immeuble.

Entre ces deux classes de droits se placent des actions permettant à un ancien propriétaire de la chose de résoudre dans de certaines conditions, le contrat par lequel il s'en est dessaisi ; par exemple, les actions en résolution, en révocation ou en rescision.

Ces droits de nature si différente ne peuvent être tous affectés de même par l'expropriation forcée.

Et tout d'abord le principe de la survivance des droits réels à toute mutation doit fléchir lorsqu'il s'agit des sûretés qui garantissent une créance. Le fait même de la saisie et de la vente forcée implique la déconfiture du débi-

teur, et par suite la déchéance du bénéfice du terme ;
toutes ses dettes deviennent exigibles. C'est alors le moment de mettre en œuvre les droits de privilège et d'hypothèque attachés aux créances, et de fixer d'après leur
rang l'ordre à suivre dans la distribution du prix de l'immeuble entre les créanciers. Mais une fois cette valeur
dégagée, les garanties réelles ont produit leur effet légal ;
elles doivent disparaître du bien dont elles ont épuisé la
valeur pécuniaire. La purge est une suite nécessaire du
jugement d'adjudication.

Passons aux actions révocatoires et autres : les unes garantissent des créances dont l'existence est certaine ; ainsi
le droit de résolution du vendeur impayé ; elles doivent
subir le même sort ; d'autres au contraire ne sont pas encore nées et peut-être ne naitront jamais ; l'adjudication
ne peut avoir d'effet sur elles.

Enfin tous les autres droits réels subsistent intacts et
grèvent la propriété aux mains de l'adjudicataire, comme
ils la grevaient aux mains du saisi. Les sûretés réelles
n'ont qu'une utilité transitoire, et sont destinées tôt ou
tard à être transformées en un droit sur un prix ; eux, au
contraire, sont créés pour durer.

Ces distinctions font pressentir les divisions de cette
étude. Cependant avant d'aborder la législation actuelle,
il convient d'examiner brièvement les conceptions du droit
romain et de l'ancien droit en ces matières.

Le créancier qui ne pouvait obtenir le paiement de ce qui lui était dû était autorisé, à Rome, après avoir fait rendre une sentence contre son débiteur, ou obtenu de ce dernier l'aveu de sa dette devant le magistrat (*confessio in jure*), à saisir un bien déterminé de son patrimoine; cette saisie, poursuivie par les *apparitores* ou *viatores*, se nommait *pignus ex causa judicati captum*, parce qu'elle faisait naitre au profit du saisissant un droit de gage sur la chose, qui le rendait préférable à tous les créanciers au profit desquels n'existait pas un droit d'hypothèque. Elle était suivie d'une vente faite sous l'autorité du magistrat, probablement aux enchères publiques (1). Cette mesure d'exécution est l'œuvre de la jurisprudence prétorienne, quoique la loi 31, semble en rapporter l'introduction à Antonin le Pieux (2).

Le créancier hypothécaire ou gagiste avait de plus le droit de vendre la chose à l'amiable, sans le concours du magistrat, et de se payer sur le prix (*jus distrahendi pignoris*). — Ce droit ne lui était reconnu à l'origine que si la convention le lui accordait expressément (3); mais il fut ensuite considéré comme sous-entendu (4), et même il finit par être réputé de l'essence du gage de sorte qu'une

(1) L. 31. D. XLII, 1.
(2) L. 1. C. VIII, 25.
(3) Gaius. *Comm.*, II, 64.
(4) L. 4. D. XIII, 7.

convention qui prohibait la vente de la chose par le créancier, était sans valeur (1), elle n'avait d'autre effet que d'obliger le créancier à adresser au débiteur avant de poursuivre la saisie, trois dénonciations.

Mais que la vente fût amiable ou faite en justice, aucun avertissement n'était adressé aux creanciers hypothécaires, d'ailleurs reconnus du créancier qui poursuivait l'expropriation. On ne pouvait songer à les dépouiller de leur droit à leur insu; aussi les hypothèques, en principe, n'étaient-elles pas éteintes. (Par exception, la vente poursuivie par le fisc sur un contribuable pour le recouvrement de l'impôt ou *bonorum sectio*, purgeait les droits de gage et d'hypothèque) (2).

La purge sur aliénation volontaire était également inconnue, et l'acquéreur restait exposé à l'éviction de la part d'un créancier hypothécaire impayé. On atténuait en pratique le danger par l'adjonction de fidéjusseurs qui s'engageaient à garantir l'acquéreur contre cette cause d'éviction (3).

L'acquéreur pouvait cependant se procurer, d'une façon indirecte, une sécurité plus ou moins étendue.

Un créancier hypothécaire se fait mettre en possession de l'immeuble au moyen de l'action hypothécaire ou

(1) *Ibid.*
(2) L. 1. C. IV, 46.
(3) L. 56. D. XXI-2.

quasi servienne; puis il le vend et en fait tradition à un acquéreur et se paie sur le prix. Son hypothèque devrait s'éteindre avec sa créance; cependant elle survit au profit de l'acquéreur qui se trouve avoir ainsi une sûreté sur sa propre chose; il tiendra, de cette façon, en respect les créanciers hypothécaires postérieurs en rang à ceux qu'il a désintéressés en leur versant son prix. Si ces créanciers veulent poursuivre sur lui-même la vente de l'immeuble, il leur opposera, au moment où ils se répartiront le prix, l'hypothèque des créanciers qu'il a désintéressés, et demandera le remboursement des dettes qu'elles garantissaient; de sorte que, s'il a payé l'immeuble à sa valeur, il n'a rien à redouter, grâce à cette subrogation légale (*Successio in locum, in jus creditoris*), des créanciers postérieurs en rang, auxquels son éviction ne procurerait aucun avantage. Le créancier qui poursuit la vente est-il le premier en rang? L'acquéreur, succédant à ce rang, est désormais à l'abri de toute éviction du chef des créanciers postérieurs; leur hypothèque ne peut plus être exercée (1); la vente est devenue irrévocable à leur égard, et ils ne pourraient la faire résoudre en offrant à l'acheteur de lui rembourser son prix (2). Ils ne conservent qu'une action tendant à obtenir du créancier vendeur la portion du prix

---

(1) L. 12, § VII, D. XX. 4. — L. 1. C. VIII. 20.
(2) L. 2, C. VIII-20, — L. 3, *pr.* D. XX.-5.

que n'absorbe pas sa créance (1). C'est par une action *pigneratitia utilis*, que selon la plupart des auteurs, cet excédant pourra être réclamé.

La vente se réalise donc, en cette hypothèse, dans les conditions les plus favorables à l'acquéreur. Il était d'ailleurs loisible à tout créancier, lorsque le premier créancier hypothécaire refusait de poursuivre l'aliénation de la chose, de le désintéresser, de succéder à son rang hypothécaire (*jus offerendæ pecuniæ*), et de prendre alors l'initiative des poursuites.

En dehors du cas où la vente est faite par le premier créancier hypothécaire, l'acquéreur n'était donc pas à l'abri du danger d'éviction. Une exception avait été cependant apportée à ce principe. Un créancier préférable en rang se trouve-t-il assister à la vente pratiquée par un créancier postérieur, et n'a-t-il manifesté aucune opposition ? Il est réputé avoir fait remise de son hypothèque, et le droit d'évincer l'acquéreur est perdu pour lui. Cette disposition (2), singulièrement élargie par les commentateurs, devait être la base des dispositions qui régissent cette matière, dans le droit coutumier.

Si l'acheteur est évincé par suite de la revendication du véritable propriétaire, ou parce que le créancier hypothécaire n'avait pas le droit de vendre le gage, ce dernier

(1) L. *ult.* C. XX.-5.
(2) L. 6, Code VIII, 26.

est-il obligé de le garantir ? Lorsque l'éviction a pour cause le défaut de droit du débiteur, on décide que le créancier n'est pas tenu à garantie et que même il ne peut être contraint à restituer la portion du prix qu'il a reçue (1) ; le débiteur seul est tenu de cette restitution. Cependant si le créancier a fait procéder à la vente quoiqu'il sût que son débiteur n'était pas propriétaire (2), ou s'il veut disputer lui-même, pour une cause quelconque, à l'acheteur, la chose qu'il lui a vendue, sa responsabilité est engagée (3).

Dans le cas où l'éviction provient de ce que le créancier a vendu *non jure*, par exemple, s'il a vendu avant l'échéance ou malgré des offres faites par le débiteur, ou bien encore s'il n'était pas premier créancier hypothécaire, il est tenu de garantir l'acquéreur (4).

Plusieurs causes multiplièrent dans l'ancienne France les charges foncières de toutes sortes sur la propriété immobilière. Le régime féodal imposait aux détenteurs des biens seigneuriaux l'obligation de payer une redevance annuelle ou cens ; mais c'était un impôt foncier plutôt qu'une charge foncière et l'expropriation du débi-

(1) LL. 11, 12, 15, C. VIII, 45. — L. 1, C. VIII, 46.
(2) L. 2, C. VIII, 46.
(3) L. 10, D. XX, 5.
(4) L. 1, C. VIII, 46.

teur ne pouvait en libérer l'immeuble (1). De plus, le
faible développement des valeurs mobilières et la prohibition du prêt à intérêt eurent pour résultat de multiplier
les contrats de bail à rente et de rente foncière. Enfin
l'hypothèque qui s'établit avec la renaissance du droit
romain au xiv⁰ siècle, reçut un énorme développement
lorsque se fut établi le principe que tout acte notarié
emportait hypothèque générale sur les biens du débiteur.
Le nombre des fonds grevés de droits réels de toute sorte
se multipliant dans de grandes proportions, la nécessité
de les affranchir se fit jour et donna naissance à la purge.

Tout immeuble saisi sur un débiteur par un créancier
impayé était vendu devant un juge, dans la forme d'un
décret, c'est-à-dire d'une décision judiciaire. Le contraste
de cette vente solennelle faite à l'audience sur enchères
publiques par le ministère d'un juge, avec la simplicité
de la vente forcée à Rome, fut remarqué des auteurs
coutumiers (2). C'est la justice qui jouait le rôle de vendeur et c'est de ses mains que le nouveau propriétaire
recevait l'immeuble adjugé.

Cette forme solennelle était à elle seule une mesure de
publicité. Cependant, elle était précédée de formalités
destinées à porter à la connaissance des intéressés la vente

____

(1) Loysel. Maxime 904 : « Un décret nettoie toutes hypothèques et
droits, fors les censuels et feudaux. »
(2 Loyseau. *Du déguerpissement.* Liv. III, chap. 7, n⁰ 6.

judiciaire, et qu'énumère l'édit de 1551 sur les criées
(article 27). Des affiches contenant un extrait du procès-
verbal de saisie, étaient apposées sur l'église de la paroisse
dont dépendait l'immeuble. Des lectures à haute voix de
l'extrait affiché, faites par un huissier le dimanche, à la
sortie de l'église paroissiale, se succédaient en nombre et
à des intervalles variables suivant les coutumes (à Paris,
on faisait quatre criées espacées de quatorze en quatorze
jours). Un procès-verbal constatait l'accomplissement de
ces formalités et l'absence de toute opposition à la saisie.
De nouvelles affiches et plusieurs publications successives
du cahier des charges conduisaient enfin à l'adjudication
publique, qu'une enchère, quelque faible quelle fût,
pouvait remettre en question pendant quinze jours.

De ce système devaient résulter des effets tout différents de ceux que produisait, à Rome, la vente forcée.

La publicité étendue qui précédait la vente était destinée à atteindre deux classes de personnes. Elle devait
d'abord attirer aux enchères publiques un certain nombre
d'amateurs et permettre ainsi d'élever le prix de l'immeuble jusqu'à sa véritable valeur pécuniaire. Elle devait
ensuite avertir quiconque prétendait à l'exercice d'un
droit réel sur l'immeuble, d'avoir à former opposition à la
poursuite.

On invoquait ici un texte romain précédemment indiqué
(L. 6 C. VIII-26) qui déclarait que le silence d'un créan-

cier préférable en rang à celui qui poursuivait la vente,
emportait renonciation à son droit hypothécaire, s'il avait
été présent à cette vente. « Si eo tempore quo prædium
« distrahebatur programmate admoniti creditores, quum
« præsentes essent, jus suum exsecuti non sunt, possunt
« videri obligationem pignoris amisisse. » Ce texte fut
ainsi transformé par les commentateurs : Tout créancier hypothécaire est présumé avoir été touché par la publicité
donnée à l'expropriation ; dès qu'il est prouvé qu'il a pu
en avoir connaissance, il est considéré, par fiction, comme
présent à la vente, et son silence vaut renonciation à son
droit, son abstention en emporte la purge (1). Principe tout
nouveau, qui forme encore la base du système de la purge
dans le droit français, quoique la forme de la publicité ait
été perfectionnée. Le développement donné aux formalités
de publicité explique cette conception ; quiconque n'a pas
veillé à la conservation de son droit, malgré l'avertissement légal, en est dépouillé, parce que le crédit public est
intéressé à ce que l'acquéreur jouisse d'une propriété
franche. Des textes nombreux de coutumes établissent cet
effet extinctif attaché au décret forcé (2). L'éviction du

(1) V. *Livre des Droits et Commandements d'office et de justice*, t. II,
n° 690, p. 155.

(2) Coutume de Lorris de 1494, article 6. — Coutume de Bourbon-
nais, IV, 153. — Cf. Jean Desmares, décision 390. — Coutumes du
Châtelet, décision 118. — Bourjon, *Droit commun de la France*, cinquième partie, titre VIII, chap. 6, n° 56. — Loyseau, *Du Déguerpissement*. Liv. III, ch. 7, n° 6 et suiv.

chef d'un créancier hypothécaire devient donc impossible (1).

Le décret forcé, en éteignant les sûretés réelles, les convertissait en un droit sur le prix. Mais ce droit lui-même ne subsistait que peu de temps à l'encontre de l'adjudicataire et disparaissait à son tour s'il n'avait été invoqué avant le scel du décret (mêmes textes).

Mais les textes de l'ancien droit donnent au décret forcé une portée plus large encore, et un effet radical que n'admit jamais le droit romain et que repousse la législation actuelle. Ce n'étaient pas seulement les droits accessoires, les garanties réelles d'une créance, que le décret forcé anéantissait ; il atteignait tous les droits réels principaux, tous les démembrements de la propriété ; rentes foncières, servitudes, et le droit du véritable propriétaire lui-même lorsque l'immeuble avait été saisi sur un *non dominus*. Les textes qui ont été cités plus haut ne font aucune distinction à cet égard ; d'autres énumèrent dans la liste des droits réels éteints par le décret, les droits principaux à côté des droits accessoires (2) ; et Loyseau constate, non sans le critiquer, cet effet radical de l'expropriation forcée (3).

Il faut ajouter aussitôt que le titulaire d'un droit réel

(1) Coutume de Nivernais, article 54.

(2) Coutume de Châteauneuf, article 105. — Edit de 1551, articles 11 et 15

(3) Loyseau, *Du Déguerpissement*, liv. III, ch. 7, n° 7.

principal a le droit comme un créancier hypothécaire de former opposition à la vente judiciaire. L'extinction de ce droit suppose l'abstention de celui qui en était le titulaire; il est présumé avoir été touché par la publicité antérieure à la vente, et son silence est interprété comme une renonciation. Le principe romain, déformé déjà par les commentateurs dans son application au droit d'hypothèque, prend ici une portée qu'il n'eut jamais à Rome, où le droit de propriété et ses démembrements n'étaient jamais atteints par la vente du bien du débiteur.

Jusqu'au scel du décret, d'ailleurs, le titulaire du droit réel peut pratiquer à la poursuite une opposition à fin de charge ou à fin de distraire, suivant qu'il invoque un démembrement du droit de propriété ou ce droit lui-même sur l'immeuble.

D'ailleurs, l'ancien droit avait distingué les différences de nature qui séparent les droits accessoires des droits principaux et l'effet de l'opposition n'était pas le même selon qu'elle était destinée à révéler l'un ou l'autre de ces droits.

S'agissait-il d'une hypothèque? l'opposition n'avait qu'un effet : convertir le droit réel, définitivement éteint, en un droit sur le prix. S'agissait-il d'un droit principal? il est de sa nature de survivre à l'aliénation de l'immeuble grevé; il n'est pas destiné à s'éteindre contre le paiement d'une somme d'argent; aussi, l'opposition a-t-elle pour effet de le conserver sur le fonds adjugé, sous sa forme primitive. Sans doute, si l'opposition est tardive et n'a été pratiquée qu'après la vente, mais avant que le décret soit scellé, la déchéance du droit est encourue et il est transformé en argent comme un simple droit accessoire; sa valeur pécuniaire est prélevée sur le prix de l'immeuble qu'il grevait. Mais il n'en reste pas moins vrai que la transformation que subit nécessairement l'hypothèque n'atteint au contraire les démembrements de la propriété que d'une façon accidentelle, et lorsque leurs titulaires ont manqué de vigilance en ne les révélant qu'à une époque tardive.

De profondes différences séparent cette conception du système romain. La publicité étendue donnée à la vente lui attribue *erga omnes* des effets absolus; tout droit sur l'immeuble qui n'a pas été révélé avant l'expropriation est aboli. La situation privilégiée faite à Rome au premier créancier disparait en même temps. Tout créancier peut faire vendre l'immeuble de son débiteur; le décret éteindra même les hypothèques antérieures à la sienne. L'adjudicataire est de ce chef à l'abri de toute éviction, de même qu'il n'a rien à redouter de ceux qui prétendent, après l'adjudication, à la propriété de l'immeuble ou à un démembrement de ce droit. La purge dépouille même les incapables, les femmes, les mineurs, les gens d'église, parce que la publicité par affiches et criées s'adresse à tous sans distinction. Si le système de la propriété fon

cière et le système hypothécaire restent occultes, il est un
moment cependant où chaque immeuble laisse apparaitre
l'état de ses charges ; le décret forcé une fois prononcé par
le juge, nul droit réel ne survit sur l'immeuble, qui n'ait
été révélé par son titulaire, publié et porté à la connaissance des futurs enchérisseurs. L'état de la propriété est
un instant rendu public. Puis, les mutations occultes, les
constitutions ignorées de droits réels s'accumulent de
nonveau jusqu'au jour où une expropriation nouvelle jet-
tera de nouveau la lumière sur l'état de la propriété.

Cette procédure, organisée par l'édit des criées du
3 septembre 1551, ne fut pas adoptée dans toute la France.
La Flandre, l'Artois, la Provence, le Dauphiné, le Languedoc, la Guyenne restèrent fidèles à leurs coutumes
antérieures. Elles variaient à l'infini. Un seul trait leur
était commun. Autant la procédure de l'édit est lente et
touffue, autant les formes étaient rapides et simplifiées
dans ces pays. Aussi la purge n'était-elle pas attachée à
cette procédure hâtive, nommée dans quelques coutumes
subhastation ; aucune publicité, en effet, n'avait accom-
pagné les poursuites. Et surtout, le dessaisissement du
débiteur n'était pas absolu. Pendant un délai très variable,
selon les coutumes (quatre mois à Grenoble, six mois en
Bresse, dix ans en Languedoc), le débiteur ou ses héritiers pouvaient annuler la saisie, résoudre la vente et

reprendre l'immeuble, à charge de rembourser les dettes
dont il était grevé. Ce droit, appelé droit de rabattement,
était de nature à entraver gravement les ventes forcées.
Universellement attaqué, il fut aboli par la loi du 25 avril
1792 et n'a pas laissé de traces dans la législation
actuelle.

La loi du 9 messidor an III (27 juin 1795) consacrait le
système de l'édit de 1551 en l'étendant à toute la France.
L'article 149 de cette loi portait : « L'adjudicataire est pro-
« priétaire incommutable des biens qui en sont l'objet (de
« l'adjudication), nonobstant toutes revendications et oppo-
« sitions à fin de distraire qui n'auraient pas été vidées
« avant ladite adjudication, lesquelles sont converties de
« plein droit en indemnité sur le prix. » Et l'article 159
ajoutait :

« Le dépôt du prix effectué, l'adjudicataire ne peut être
« recherché ni tenu de répondre à aucun créancier hypo-
« thécaire du chef du saisi ou de ses auteurs sur les biens
« compris en son adjudication, lesquels en seront libres et
« affranchis. » Le système des affiches et publications
était conservé. La procédure cependant était notablement simplifiée et accélérée. Cette loi n'a pas reçu
d'exécution.

Deux lois ont été promulguées le 11 brumaire an VII
(1er novembre 1798). L'une organise la publicité du

régime des mutations d'immeuble et des hypothèques, et subordonne en particuli r l'existence des sûretés réelles à une inscription prise sur un registre public, et limitée à un immeuble déterminé; le système de l'hypothèque occulte et celui de l'hypothèque générale disparaissent ensemble de la législation. — L'autre organise une procédure d'expropriation forcée. Combien est étroite la relation entre le régime des immeubles et la procédure de saisie, on l'a remarqué dans tout ce qui précède. Le législateur de l'an VII l'avait compris, et sa procédure prend un caractère tout nouveau, elle est transformée par le système de l'inscription, qui révèle en tout temps l'état des charges de la propriété foncière. La purge des hypothèques n'est plus l'effet d'une publicité collective qui s'adresse à tous sans viser personne; à ces moyens empiriques succèdent des notifications individuelles, qui vont trouver le créancier inscrit au domicile qu'il a élu dans l'inscription, et l'avertissent d'avoir à prendre part à la poursuite qui vient de s'ouvrir et d'y sauvegarder leurs droits (art. 6 de la loi sur l'expropriation forcée). La supériorité de ce système était telle, qu'il n'a plus été remis en question depuis l'an VII ; consacré par le Code de procédure civile de 1804 (art. 695), il fut étendu et développé par les lois du 2 juin 1841 (droit de résolution du vendeur) et du 21 mai 1858 (hypothèques légales).

Sur la question de l'étendue de la propriété transmise

à l'adjudicataire, la loi de l'an VII sur l'expropriation forcée rompait aussi avec la tradition. Revenant au principe romain, elle déclarait dans son article 25 : « L'adju-« dication ne transmet à l'adjudicataire d'autres droits à « la propriété que ceux qu'avait le saisi. » Ce sont les termes mêmes du texte qui résout aujourd'hui cette question, l'article 717 du Code de procédure civile : « L'adjudication ne transmet à l'adjudicataire d'autres « droits à la propriété que ceux appartenant au saisi. » Le droit de propriété et ses démembrements n'étaient pas atteints par l'adjudication. Seulement une prescription, plus courte que la prescription actuelle, pouvait en amener l'extinction, au bout de dix années (art. 25).

La procédure de saisie immobilière, réduite aux formes les plus simples par la loi de l'an III, l'avait été encore davantage par la loi de l'an VII, qui, tout en élevant sa durée minima, supprimait encore quelques-unes des formalités conservées par la loi précédente. Les débiteurs expropriés trop rapidement et sans garanties suffisantes, élevèrent des protestations. En conséquence, on exhuma, dans le Code de procédure civile, promulgué le 2 germinal an XII (23 mars 1804) la procédure lente et coûteuse, fertile en incidents variés, de l'édit de 1551, sans en retrancher tout ce que la pratique des tribunaux y avait ajouté pendant deux siècles. Seules les notifications indi-

viduelles aux créanciers inscrits furent conservées
(art. 695), car le principe de l'inscription hypothécaire
avait été respecté, tandis que celui de la transcription ne
devait reparaître qu'en 1855. — Au point de vue des
droits de l'adjudicataire, l'effet extinctif de la purge fut
limité aux sûretés réelles soumises à inscription. Devait-on
l'étendre aux hypothèques légales des incapables, que le
Code civil avait dispensées d'inscription ? ou l'adjudication ne purgeait-elle que les droits publiés ? La question,
vivement débattue en jurisprudence, ne fut tranchée que
par la loi du 21 mai 1858, qui, en obligeant le poursuivant à lier les incapables à la poursuite, en leur adressant
des notifications, les soumit au droit commun et, par conséquent, à l'effet de la purge.

Le développement économique brisa bientôt les entraves
apportées à la saisie immobilière par le Code de procédure civile. La loi du 2 juin 1841, qui refondit les
articles 635 à 779 de ce Code, simplifia notablement la
procédure. La situation de l'adjudicataire ne fut pas modifiée en principe ; il n'obtint sur l'immeuble que les droits
du saisi, et la formule du législateur de l'an VII, repro-
duite dans l'article 731 du Code, fut maintenue dans le
nouvel article 717.

Cependant, cette loi est entrée dans une voie nouvelle,
en purgeant non seulement la sûreté réelle, mais l'action

résolutoire que le Code civil accorde au vendeur impayé. Ainsi est effacée la cause la plus fréquente d'éviction qui menace l'adjudicataire.

Le système actuel, tel qu'il résulte de l'article 717, se résume donc en deux propositions :

1° L'adjudication sur saisie immobilière purge toutes les sûretés réelles ;

2° Tous les démembrements de la propriété, le droit de propriété lui-même, toutes les actions tendant à l'annulation d'un contrat dont l'immeuble a été antérieurement l'objet, survivent à l'expropriation, sauf l'action en résolution d'un précédent vendeur auquel tout ou partie de son prix n'a pas été payé.

Ce système est-il perfectible ? La réponse à cette question trouvera sa place, lorsque ses détails auront été étudiés. On verra que ses défauts principaux ne tiennent pas tant à une procédure de saisie immobilière défectueuse, qu'à un système de publicité des actions et droits immobiliers encore incomplet. La propriété de l'adjudicataire n'en est pas moins consolidée depuis la loi du 23 mars 1855 qui soumet à la transcription le droit de propriété et ses démembrements. Mais une dernière remarque est ici nécessaire.

L'adjudicataire vient-il à être évincé de l'immeuble adjugé ? Quelle est sa situation ; un recours lui est-il donné ? A quel titre ? Obtiendra-t-il la restitution de son prix, ou même la réparation entière du préjudice qui lui est causé ?

A Rome, comme on l'a vu, l'éviction ne donnait lieu qu'a la répétition du prix, contre le débiteur seul et non contre les créanciers ; en aucun cas, l'adjudicataire n'avait droit à des dommages-intérêts.

Dans l'ancien droit, le poursuivant était garant de l'accomplissement des formalités de la procédure, mettant ainsi l'adjudicataire à l'abri du préjudice que lui causerait l'annulation de la saisie à raison d'un vice de forme. Mais il ne garantissait rien de plus (Loysel, maxime 915). D'autre part, la jurisprudence admit la répétition du prix contre les créanciers colloqués, au cas d'éviction.

Cette double protection est reconnue à l'adjudicataire par la doctrine et la jurisprudence d'aujourd'hui. Mais une opinion nouvelle s'est dessinée, qui joint à ces responsabilités une obligation contractuelle du saisi lui-même. C'était la justice qui, dans la conception du droit coutumier, transmettait l'immeuble à l'adjudicataire. Ce rôle de vendeur ne lui est plus attribué aujourd'hui, et c'est au saisi qu'il doit être réservé. Si l'adjudicataire acquiert aujourd'hui l'immeuble tel qu'il appartenait à l'exproprié, ce n'est pas seulement parce que l'effet extinctif de la purge est aujourd'hui limité, c'est parce que l'adjudicataire a le saisi pour auteur, et devient, par l'effet de la vente forcée, son ayant-cause.

Les divisions de cette étude se déduisent de tout ce qui précède. Après un exposé rapide de la procédure actuelle de saisie immobilière, viendra l'examen des effets que produit l'adjudication entre les parties présentes au contrat judiciaire ; le saisi, le poursuivant et les créanciers, l'adjudicataire — puis se présentera l'étude des charges de la propriété transmise à ce dernier ; — enfin l'effet de l'adjudication sur les sûretés réelles dont l'immeuble était grevé du chef du saisi et des précédents propriétaires, formera la troisième division. Les parties seules sont en cause dans la première ; les deux autres mettent en présence l'adjudicataire et les tiers.

PREMIÈRE PARTIE

EFFETS DE L'ADJUDICATION ENTRE LES PARTIES

L'adjudication sur saisie immobilière est la conséquence d'une longue procédure qui en explique les
conditions et les effets ; elle ne peut en être isolée, et une
énumération rapide des périodes de cette procédure est
nécessaire, d'autant plus que c'est elle qui va réunir et
mettre en présence les parties entre lesquelles se forme
le contrat judiciaire.

La saisie immobilière a pour but de mettre sous la
main de la justice l'immeuble d'un débiteur qui ne
remplit pas ses engagements pécuniaires, afin de procéder
à la vente judiciaire de cet immeuble et à la distribution
de son prix par voie d'ordre entre les créanciers hypothécaires et privilégiés.

Tandis que la saisie-arrêt s'accomplit au moyen de

quelques actes extrajudiciaires, que vient sanctionner, à la fin de la procédure, un jugement constatant simplement leur validité, la saisie immobilière est une instance en justice ; elle nécessite la constitution d'un avoué par le poursuivant et donne lieu à une audience des saisies immobilières où l'immeuble est mis aux enchères et où un tribunal composé de trois juges constate que le dernier enchérisseur en est devenu l'adjudicataire.

La saisie-arrêt se compose de quelques actes, séparés par de courts délais, elle requiert célérité. La saisie immobilière a toujours eu le monopole des procédures lentes et compliquées, fertiles en incidents innombrables que doivent trancher autant de jugements distincts. L'importance qui s'attache à la propriété des immeubles, la nécessité de lier les créanciers hypothécaires à la poursuite, enfin la survenance d'incidents qui ne peuvent se présenter dans la saisie-arrêt, tels qu'une demande en revendication ou toute autre action réelle, expliquent ces lenteurs.

La procédure est précédée d'un commandement qui ne peut être pratiqué qu'en vertu d'un titre exécutoire dont copie est donnée dans l'acte. Mais ce n'est là qu'une menace personnelle et l'immeuble n'en est pas atteint ; le saisi en garde la libre disposition ; une réserve cependant doit être faite ; les baux qui n'ont pas acquis date certaine à ce jour deviennent suspects aux yeux du législateur ; il est à craindre que le débiteur ne consente des baux à longue durée ou à des conditions désavantageuses et diminue ainsi les revenus et la valeur de l'immeuble. Aussi la loi permet-elle aux créanciers de demander au tribunal, qui apprécie souverainement leur valeur, la nullité de ces baux. Le même droit est accordé à l'adjudicataire, après le jugement, et sera par conséquent étudié en détail.

Le premier acte de la procédure est le procès-verbal de saisie qui doit être fait entre le trentième et le soixantième jour à compter du commandement, et dans lequel le poursuivant constitue avoué dans le ressort du tribunal dont relève l'immeuble. L'objet de la saisie est désormais précisé, car le procès-verbal contient une description minutieuse du bien qui sera adjugé. Cet acte est dénoncé au saisi dans la quinzaine. Les éléments de l'instance sont ainsi réunis : un demandeur représenté par son avoué, un défendeur, un objet en litige, un tribunal déterminé, compétent *ratione loci*.

Mais ici intervient une mesure d'un autre ordre. La procédure d'expropriation intéresse, on l'a vu, deux classes de personnes; celles qui ont reçu de la loi ou d'une convention passée avec un de ces propriétaires successifs de l'immeuble, une sûreté réelle, parce que leur droit est sur le point de disparaitre, s'il n'est rendu public avant l'adjudication, ou de se convertir en une simple créance sur le prix, s'il a été inscrit; et celles qui ont l'intention d'acquérir sur la chose un droit réel quelconque, parce que cet immeuble est sur le point d'être frappé d'indisponibilité aux mains du saisi et ne tardera pas à sortir de son patrimoine. Pour porter à la connaissance des tiers cette mainmise de la justice sur l'immeuble, la loi du 2 juin 1841 (article 678 du Code de procédure civile), ordonne la transcription du procès-verbal de saisie sur un registre public où les tiers en apprendront l'existence. Ils sont avertis en même temps que toute aliénation que consentira désormais le débiteur est radicalement nulle et qu'elle ne fera pas obstacle à l'adjudication; car tel est l'effet qu'attache l'article 686 à cette transcription.

Mais ici se place une difficulté. La loi du 23 mars 1855, attache à la transcription un effet tout nouveau ; c'est en vertu de cette formalité désormais, et du jour où elle est remplie, qu'un acquéreur peut opposer son droit de propriété à tous ceux qui prétendraient avoir acquis un droit sur l'immeuble, par exemple à un tiers auquel le vendeur aurait une seconde fois vendu la chose. La transcription de la saisie donne-t-elle au poursuivant qui l'a opérée un droit analogue, le droit de méconnaitre toute aliénation non publiée avant cette transcription ? Peut-il opposer la saisie, comme un véritable droit réel conservé selon les formes légales, aux tiers qui ont acquis des droits sur l'immeuble antérieurement à ce jour, mais ne les avaient pas conservés à cette date en se conformant aux lois? Cette question, vivement débattue, se rattache aux effets de la transcription de la saisie, et non à ceux de l'adjudication. Cependant il paraît douteux que la saisie puisse constituer un droit réel nouveau, dont le caractère reste très vague et qui ne se rapproche d'aucun de ceux qu'admet notre législation. Il est probable d'ailleurs que la transcription n'avait pas, dans la loi du 2 juin 1841, la portée que lui attribua plus tard la loi du 23 mars 1855, et qu'elle était uniquement une mesure de publicité (1).

Le saisi perd donc le droit de disposer. La possession lui est laissée encore, mais il ne possède plus et n'administre plus pour lui-même, il le fait désormais au nom de ses créanciers et pour leur compte; les fruits qu'il perçoit deviennent, comme l'immeuble, indisponibles, et leur valeur sera jointe au prix de l'adjudication, pour être distribuée de la même façon par la voie de l'ordre. Ainsi les lenteurs de la saisie ne préjudicieront pas aux créanciers. Enfin, suivant plusieurs auteurs, le droit d'hypothéquer. étant subordonné par la loi à celui de disposer, est également perdu pour le saisi depuis ce jour.

Tous les actes du saisi qui seraient de nature à dimi-

(1) V. sur cette question, *Req.*, 26 novembre 1878. D. 79., I, 102 et la note de M. Beudant. — Cf. les arrêts cités en note de l'arrêt du 6 décembre 1886. D. 87, II. 111.

nuer la valeur du gage de ses créanciers sont ainsi suspendus et ce n'est qu'au jour de l'adjudication que l'immeuble redeviendra, en d'autres mains, l'objet d'une propriété libre. Il reste à préparer l'aliénation de l'immeuble, de manière à ce que la vente s'entoure des conditions les plus favorables de publicité. Et surtout il y a lieu d'appeler dans l'instance les titulaires des sûretés réelles, afin que leur présence ratifie cette procédure, qui doit altérer si profondément la nature de leur droit; cette transformation du droit réel en un droit sur le prix, qui est elle-même une véritable expropriation, ne doit pas se produire à l'insu des créanciers, dont l'attention doit être d'autant plus attirée, que la vente amiable de l'immeuble laisse en principe leurs droits intacts. Aussi, lorsque le poursuivant n'a pas accompli les formalités de publicité individuelle que la loi exige, l'adjudication perd-elle son caractère essentiel, la purge des privilèges et hypothèques, la création d'une propriété franche de toutes charges de cette nature.

Les clauses et conditions de la vente forcée ayant été provisoirement établies par le poursuivant, des sommations sont adressées aux créanciers inscrits pour qu'ils aient à suivre la procédure, à modifier les clauses du futur contrat, qui doit être leur œuvre ; au saisi, dans le même but ; aux créanciers dispensés d'inscriptions, pour qu'ils révèlent l'existence de leurs droits ; enfin au précédent

vendeur non payé, pour qu'il exerce avant l'adjudication,
s'il en a l'intention, la résolution de la vente.

La mention de ces sommations est faite en marge de la
transcription de la saisie. Depuis ce jour, la procédure que
le poursuivant était libre d'abandonner jusque-là s'il était
désintéressé par le débiteur, n'est plus l'instance du poursuivant; elle appartient à tous les créanciers inscrits, et
chacun d'eux peut, à son défaut, la continuer; seul le
paiement de toutes leurs créances permettrait au débiteur
d'en obtenir la mainlevée.

Le cahier des charges, c'est-à-dire le texte du futur contrat judiciaire, à la rédaction duquel ont collaboré le poursuivant, les créanciers et le saisi, est mis. au greffe, à la
disposition des futurs enchérisseurs; enfin une publicité
collective est organisée au moyen d'insertions et d'affiches.

Le jugement d'adjudication est rendu en audience publique, après enchères. Il n'énonce pas de motifs, son dispositif est la reproduction textuelle du cahier des charges;
et il constate que telle personne, ayant mis la plus forte
enchère, est restée adjudicataire. C'est en réalité un acte
judiciaire, ou même un simple procès-verbal, plutôt qu'un
jugement (1). Aussi n'emporte-t-il pas, comme on le verra,

(1) V. Pau, 16 juin 1849, D. 50, II, 81, dernier alinéa. — L'arrêt
tire du principe cette conséquence que le jugement d'adjudication
n'a pas l'autorité de la chose jugée.

hypothèque judiciaire sur les biens de l'adjudicataire, car il ne prononce contre lui aucune condamnation. Enfin, les voies de recours ordinaires et extraordinaires ne sont pas ouvertes contre lui. Cependant, il porte, comme les décisions contentieuses la formule exécutoire, pour sanctionner l'obligation, qu'il impose au saisi, de délaisser la possession de l'immeuble adjugé.

Lorsque l'on dit que l'adjudication sur saisie immobilière est un contrat judiciaire, on n'entend jamais dire par là qu'elle soit un contrat innomé ayant des caractères propres. L'adjudication est une variété de la vente et tous les principes de la vente lui sont applicables en principe. Seul un texte peut en écarter telle ou telle règle fondamentale.

Que l'adjudication soit une vente, c'est ce que prouvent la place de l'article 1596 du Code civil et sa combinaison avec l'article 450 du même Code. Le premier de ces articles, interdisant à certains mandataires de se rendre adjudicataires des biens de ceux dont ils doivent sauvegarder les intérêts, est placé dans la section du titre de la Vente, intitulée « qui peut acheter ou vendre ». Le second édicte contre le tuteur une incapacité d'acheter les biens du mineur, qui est complétée dans l'article 1596 par une incapacité corrélative de s'en rendre adjudicataire. Le terme de *vente* forcée est d'ailleurs employé dans les articles 2210 et 2213 du Code civil.

Qu'en second lieu, les règles de la vente soient applicables en principe à la vente forcée des immeubles, c'est
ce que démontre la spécialité de certains textes relatifs à
l'adjudication, qui ne dérogent à ces règles que sur des
points strictement déterminés ; ainsi l'article 1684 écarte
en cette matière la rescision pour lésion de plus de sept
douzièmes ; l'article 1649, la garantie des vices cachés :
exceptions établies toutes deux d'ailleurs au titre de la
vente, et qui confirment donc l'assimilation de l'adjudication à ce contrat.

Les éléments de la vente, en effet, se retrouvent ici ; un
objet vendu (l'immeuble tel qu'il a été déterminé par le
procès-verbal de saisie et le cahier des charges) ; un prix
(le chiffre de la dernière enchère) ; le consentement d'un
acheteur (l'adjudicataire) et d'un vendeur. Mais ici naît
une difficulté grave : à qui donner le nom de vendeur et
en imposer les obligations ? Il semble d'abord que ce soit
au saisi, car c'est son immeuble qui fait l'objet de la vente :
mais l'incapacité de disposer dont il a été frappé, ne lui
interdit-elle pas ce rôle ? Sa place n'est-elle pas prise par
les créanciers liés à la procédure et en particulier par le
poursuivant qui serait le mandataire légal du saisi comme
il est celui des créanciers ? Cette question trouve sa place
dans l'étude des droits et obligations qui naissent, entre
les parties, de la vente forcée. Mais avant d'aborder cette
étude, on en peut détacher l'effet immédiat de l'adjudica-

tion, le transfert de propriété considéré en lui-même et non comme une obligation du vendeur. La sanction de l'obligation de transférer, c'est-à-dire la garantie d'éviction, sera examinée au contraire avec les autres obligations qu'entraîne la vente pour l'aliénateur.

CHAPITRE PREMIER

Du transfert de la propriété dans l'adjudication sur saisie immobilière.

Le jugement d'ajudication fait passer la propriété de la tête du saisi sur celle de l'adjudicataire ; il n'est pas déclaratif d'un droit préexistant au profit de l'adjudicataire, il crée ce droit ; il se distingue ainsi d'autres jugements d'adjudication, par exemple des jugements rendus sur licitation au profit d'un cohéritier, ou des jugements d'adjudication sur surenchère rendus au profit du premier adjudicataire, qui, tout en constatant une mutation actuelle de la propriété, en font remonter l'effet dans le passé, jusqu'au jour du décès du *de cujus* dans le premier cas, jusqu'à celui de la première adjudication, dans le second.

Ce jugement opérant une translation de propriété d'un immeuble entre vifs, est soumis comme tous les actes semblables, à la formalité de la transcription, qui est nécessaire pour rendre l'adjudicataire propriétaire à l'égard des tiers qui ont des droits réels sur l'immeuble et les ont conservés en se conformant aux lois. La mutation de propriété ne s'opère donc pas au même instant, suivant qu'il s'agit de tiers de la loi de 1855 ou de tous autres intéressés ; pour les uns elle date du jour de la transcription, pour les autres de celui du jugement.

SECTION I. — TRANSFERT DE LA PROPRIÉTÉ ENTRE LES PARTIES.

Le jugement d'adjudication opère la mutation de propriété à l'égard de tous ceux qui ne sont pas des tiers au sens de la loi de 1855 ; ce n'est donc pas seulement entre le saisi et l'adjudicataire que la translation s'opère à cette date, mais à l'égard aussi des héritiers du saisi et de tous ses ayants-cause à titre particulier, sauf les tiers de la loi de 1855.

Ainsi, le saisi ou ses héritiers, continuateurs de sa personne et soumis à ses obligations, ne pourraient revendiquer l'immeuble contre l'adjudicataire, sous le prétexte qu'il n'a pas fait transcrire son titre d'acquisition. L'obligation de livrer la chose (c'est-à-dire d'en transférer la propriété) est parfaite par le seul consentement des parties contractantes (article 1138).

Les créanciers chirographaires du saisi étant des ayants-cause à titre particulier, sans droit réel sur l'immeuble adjugé, ne peuvent davantage opposer à l'adjudicataire le défaut de transcription et prétendre que l'immeuble est resté la propriété de leur débiteur. Leur situation ne serait pas modifiée si la saisie portait sur un immeuble dépendant d'une succession acceptée sous bénéfice d'inventaire, ou s'ils avaient obtenu contre l'héritier du saisi la séparation des patrimoines et pris inscription en conformité de l'article 2111 ; car ils ne jouissent pas, dans ce cas, d'un véritable droit réel, mais d'une simple cause de préférence accordée à une masse de créanciers à l'encontre d'une autre masse, les créanciers de l'héritier.

Enfin, parmi les créanciers chirographaires, se trouve le preneur auquel le saisi a loué son immeuble ; si son bail n'a pas acquis date certaine avant l'adjudication, l'article 1743 du Code civil trouve ici son application et l'adjudicataire peut l'expulser sans avoir à justifier de la transcription de son titre. Une situation spéciale est faite au preneur dont le bail est fait pour plus de dix-huit années ; les baux de ce genre se conservent comme des droits réels ; leur place n'est donc pas ici.

Les créanciers chirographaires ne peuvent, en principe, se prévaloir du défaut de transcription de l'aliénation consentie par leur débiteur. Leur droit de gage général ne se fixe pas sur un bien déterminé. L'article 3 de la loi du 23 mars 1855 a, du reste, été remanié pour les exclure de la classe des tiers. Il n'existe à ce principe

qu'une seule exception, contenue dans l'article 941 du
Code civil. L'aliénation forcée est donc soumise aux règles
du droit commun.

L'adjudicataire exerce donc, du jour de l'adjudication,
les attributs de la propriété, à l'encontre de tous ceux
qui ne peuvent prétendre à un droit réel. Trouve-t-il
l'immeuble occupé par un possesseur ? il peut lui opposer
son droit sans avoir à justifier de sa transcription ; d'une
part il existe un titre, de l'autre un simple fait : il n'a pas
à publier un droit qui n'est pas contesté.

Si l'immeuble est occupé par un tiers qui s'en prétend
propriétaire, la question change d'aspect. Ici deux droits
de même nature, et de même étendue, sont en conflit :
chacun d'eux exclut l'autre. Or d'après la loi du 23 mars
1855, lorsqu'il y a conflit entre deux droits soumis à la
publicité, c'est le premier des deux qui a été publié qui
l'emporte sur l'autre. L'adjudicataire auquel on oppose
une aliénation antérieurement consentie et transcrite, est,
en principe, sans droit. Seulement cette solution suppose
que les deux acquéreurs tiennent leur droit du véritable
propriétaire. Si l'un d'eux seulement a reçu l'immeuble
des mains du *verus dominus*, ce n'est plus la date des
transcriptions qui tranche le conflit ; la lutte ne s'engage
plus sur la question de priorité, mais sur la question de
validité des titres ; l'acquéreur *a non domino* eût-il

transcrit, l'adjudicataire, qui tient ses droits du saisi, le
véritable propriétaire, peut revendiquer contre lui sans
avoir à justifier de la transcription du jugement d'adjudication (1).

L'adjudicataire a droit, dès l'adjudication, à l'exercice
de toutes les actions dont est investi un propriétaire. De
même qu'il peut exercer l'action en revendication, il a le
droit d'intenter une action confessoire à raison des servitudes existant au profit de l'immeuble, contre le propriétaire du fond servant qui se refuse à les reconnaitre, et
une action négative contre le propriétaire qui prétend à
une servitude en faveur de son fonds sur le fonds adjugé.
A l'inverse, celui qui conteste l'existence d'une servitude
sur son fonds au profit du fonds adjugé, ou qui en
réclame une contre ce fonds, peut immédiatement
actionner l'adjudicataire.

Enfin l'adjudicataire, ayant la libre disposition de sa
chose, peut l'aliéner, et la grever d'hypothèques au profit
de ses propres créanciers, puisque la capacité d'hypothéquer est donnée comme une suite de celle de disposer.
Mais l'effet de ces hypothèques doit être précisé.

Les créanciers du saisi peuvent inscrire une hypothèque
sur ses biens jusqu'à la transcription du jugement d'adju-

(1) V. pour l'application de ce principe au cas de vente volontaire,
Req., 29 janvier 1884, D. 85, I. 155. — Cf. Req., 7 janvier 1885,
D. 85, I. 252.

dication qui le dessaisit de la propriété. Il y a donc une période pendant laquelle l'immeuble peut être grevé et du chef du saisi et du chef de l'adjudicataire, parce que le premier reste encore propriétaire vis-à-vis de certains de ses ayants-cause (les tiers de la loi du 23 mars 1855), alors que le second l'est déjà devenu à l'égard de tous les siens. Mais le principe qui règle la préférence d'après le rang des inscriptions ne trouve pas ici son application. L'hypothèque inscrite du chef du saisi pendant cette période primera toujours les hypothèques prises sur l'adjudicataire, quand même ces dernières auraient été inscrites avant elle. En effet, les créanciers inscrits du chef d'un précédent propriétaire peuvent opposer le défaut de transcription, non-seulement à l'acquéreur qui n'a pas publié son titre, mais à ses ayants-cause, par conséquent à ses créanciers hypothécaires.

Il faut remarquer ici que toutes les hypothèques consenties par l'adjudicataire se classent suivant le rang de leur inscription. Il n'y a pas à distinguer entre celles qui ont été prises avant la transcription de son titre et celles qui n'ont été publiées qu'après. Les titulaires de ces dernières ne sauraient opposer aux bénéficiaires des premières le défaut de transcription du droit de leur auteur, et soutenir qu'à leur égard ces hypothèques sont nulles comme consenties *a non domino*. La loi de 1855 ne tranche pas les conflits qui peuvent s'élever entre les

ayants-cause de l'acquéreur ; la transcription n'est exigée
de ce dernier que lorsqu'il veut opposer son acquisition
aux ayants-cause du vendeur ; à l'égard de tous les autres,
il est propriétaire du jour du contrat (1).

La propriété est donc directement transférée du saisi à
l'adjudicataire par l'effet du jugement. Il est un cas cependant où ce dernier semble n'être pas l'ayant-cause du
saisi.

L'art. 2177 du Code civil décide : « Les servitudes et
« droits réels que le tiers détenteur avait sur l'immeuble
« avant sa possession, renaissent après le délaissement ou
« après l'adjudication faite sur lui. »

La loi suppose un propriétaire qui confère des hypothèques sur son immeuble, puis le vend à un tiers. Les
hypothèques subsistent ; une expropriation et une vente
forcées sont poursuivies sur l'acquéreur, tenu des dettes
hypothécaires de son auteur sur la valeur de l'immeuble
qu'il détient, l'adjudication a lieu. Quel sera l'auteur de
l'adjudicataire ? De quelles mains recevra-t-il la propriété ?
Du saisi, semble-t-il. Cependant, une objection nait des
termes de la loi ; elle suppose que des servitudes existaient
au profit de l'acquéreur sur les fonds en question ; la vente
qui lui en a été faite les a éteintes, car il réunit sur sa tête

(1) Arrêt de Lyon. 9 mars 1882, D. 82 II, 154.

la propriété du fonds servant et celle du fonds dominant; mais l'adjudication lès sépare à nouveau : en conséquence, dit la loi, les servitudes éteintes par confusion revivent au profit de l'acquéreur exproprié.

De ce mot, on a tiré cette conclusion : la propriété de l'acquéreur est rétroactivement effacée, puisque l'immeuble est grevé de nouveau des charges qui pesaient sur lui avant la vente; il passe aux mains de l'adjudicataire tel qu'il est sorti de celles du vendeur primitif.

Cependant, le tiers détenteur ne peut être considéré comme un propriétaire dont le droit est résolu. Le même art. 2177 décide, en effet, que les hypothèques par lui consenties sur le fonds saisi sont valables et viennent à leur rang. Le tiers détenteur a été, et est demeuré propriétaire jusqu'à l'adjudication. Seulement la loi apporte une exception à ce principe en faisant revivre des servitudes dont sa qualité de propriétaire aurait dû entraîner l'extinction. Il y a deux raisons à cette disposition de l'art. 2177. On peut soutenir d'abord que la confusion paralyse le droit de servitude sans l'anéantir, qu'elle n'a mis à son exercice qu'un obstacle momentané, et qu'il doit reparaître lorsque les fonds entre lesquels il s'exerçait se trouvent de nouveau séparés. — On peut dire encore que ce texte est dicté par des motifs d'équité. L'extinction de la servitude causerait un préjudice au tiers détenteur en diminuant la valeur du fonds dominant qu'il conserve;

elle procurerait sans motif un avantage aux créanciers saisissants, en augmentant la valeur du fonds dominant. leur gage, désormais libre de charges. Il est donc juste que la servitude revive au profit de l'immeuble dont le tiers détenteur est resté propriétaire.

Il faut décider par analogie que les hypothèques dont le tiers détenteur pouvait être investi sur le fonds dont il s'est rendu acquéreur, revivent à son profit lorsque ce fonds est saisi sur lui et adjugé à un tiers ; mais elles sont converties, comme toutes les sûretés réelles, en un droit sur le prix de l'immeuble. L'obstacle apporté par la confusion est, encore ici, temporaire, et le droit hypothécaire doit être atteint d'autant moins, qu'il est un droit inerte et ne confère pas d'attributs utiles, tandis que la servitude suppose la jouissance répétée d'un droit sur l'immeuble.

Le tiers détenteur avait-il, avant son acquisition, une servitude personnelle sur l'immeuble ? ce droit va s'éteindre par la consolidation : « *Nemini res sua servit* ». Dirons-nous, comme dans les cas précédents, qu'il va revivre après l'adjudication poursuivie sur son titulaire ? ce serait inexact. Lorsque le propriétaire primitif a consenti des hypothèques aux créanciers qui, aujourd'hui, poursuivent l'expropriation, leur droit n'a pu frapper l'immeuble que déduction faite de l'usufruit dont il était grevé ; ils n'ont jamais eu pour gage que la nue propriété de l'immeuble, ils n'ont pu saisir ni faire vendre autre chose, et le droit d'usufruit est demeuré intact.

Le tiers détenteur ayant eu, dans le passé, la qualité de propriétaire, nous en avons déduit que les droits consentis par lui sur le fonds dont il est exproprié sont valables. D'autres conséquences dérivent de cette idée; puisqu'une double mutation s'est opérée, du vendeur primitif à l'acquéreur et de celui-ci à l'adjudicataire, le fisc percevra deux droits de mutation. — L'excédent du prix d'adjudication sur les créances hypothécaires revient au tiers détenteur ou à ses créanciers. — Enfin l'adjudicataire aura contre lui les droits d'un acheteur, et notamment le droit d'être garanti d'une éviction.

On a vu que la propriété est transférée à l'adjudicataire, envers la plupart des tiers, par le jugement lui-même. Ce n'est pas à dire que la preuve de ce transfert résulte du seul jugement; il doit, comme tous les actes destinés à fournir une preuve, avoir acquis une date certaine au moyen de l'enregistrement (1).

(1) Req. 27 juillet 1874, première branche du moyen. D. 77. V., col. 557.

Section II. — Transfert de la propriété à l'égard des tiers.

Depuis la loi du 23 mars 1855, les jugements d'adjudication translatifs de propriété sont soumis à transcription comme tous les actes qui opèrent entre vifs une mutation de propriété. Un alinéa leur en est d'ailleurs consacré (article 1, § 4). L'adjudicataire ne devient donc propriétaire qu'à partir de la transcription, à l'égard d'une classe d'intéressés que la loi de 1855 appelle des tiers. — L'article 26 de la loi de brumaire, an VII, origine de la loi de 1855, n'était applicable qu'aux tiers qui avaient contracté avec le vendeur, excluant ainsi les créanciers qui tiennent leur hypothèque de la loi ou d'un jugement et ceux qui avaient contracté avec les auteurs du vendeur. La loi de 1855, plus large, vise tous ceux qui ont acquis sur l'immeuble des droits réels du chef des précédents propriétaires, et les ont rendus publics.

Quel que soit le droit sur l'immeuble qui est opposé à l'adjudicataire, droit de propriété ou ses démembrements, droit hypothécaire, bail de plus de dix-huit années, l'adjudicataire est tenu de le respecter (sauf un cas qui sera étudié plus bas), si ce droit a été publié avant le sien. Mais à l'inverse, sa transcription arrête le cours des inscriptions et des transcriptions que voudraient opérer tous

ceux qui ont acquis du saisi ou de ses auteurs des droits
sur l'immeuble; et même, si le saisi a lui-même transcrit
son titre d'acquisition, les inscriptions ou transcriptions qui
auraient pu être prises du chef de ses auteurs ont été ainsi
rendues impossibles ; s'il ne l'a pas fait, l'adjudicataire doit
les redouter. Ce n'est donc pas le jugement d'adjudication
seul qu'il doit publier, ce sont les titres de tous ceux entre
les mains desquels a passé l'immeuble avant d'entrer dans
les siennes; il fermera ainsi derrière lui autant de routes
qui auraient donné passage à des revendications de droits
réels sur l'immeuble, intentées par les tiers auxquels les
propriétaires les ont concédés.

Il n'est qu'une classe de tiers à l'égard desquels la
transcription des titres des précédents propriétaires est
inutile; ce sont les titulaires de sûretés réelles, dont le
droit a été inscrit sur un auteur du saisi. Mais cette question, encore controversée, trouvera sa place dans l'étude
de la purge. Par un principe caractéristique de l'aliénation forcée, on verra que les sûretés réelles ne survivent
pas à l'adjudication sous leur forme antérieure. — Il en
est autrement des divers démembrements de la propriété ;
mais leur étude ne doit pas non plus être abordée ici ; elle
fera l'objet des chapitres consacrés aux charges de la propriété transmise à l'adjudicataire. Il ne s'agit en ce moment que du conflit entre l'adjudicataire et un tiers qui
prétend à la propriété ; il n'est pas question de charges

qui limitent le droit de l'adjudicataire sur sa chose sans l'anéantir ; ce droit, contredit par une prétention rivale et de même nature, est ici en jeu.

Quelle est la valeur de la transcription du jugement d'adjudication, en face de la transcription déjà existante d'une aliénation antérieure consentie par le saisi ? Puisque dans le conflit qui s'élève entre deux titulaires d'un droit réel quelconque, qui tous deux ont traité avec le propriétaire, c'est la date à laquelle chacun d'eux a publié son droit qui tranche le débat, l'adjudicataire est évincé de la propriété ; il ne peut exercer qu'un recours contre les créanciers s'il leur a versé son prix, contre le poursuivant à raison de sa négligence, contre le saisi, qui doit, comme vendeur, le garantir de toute éviction et surtout de son fait personnel.

L'inefficacité de cette transcription n'est cependant pas absolue. Dans une vente amiable, un acquéreur eût-il traité depuis de longues années avec le vendeur et fût-il entré en possession, peut être évincé par un nouvel acheteur dont le titre date de quelques jours peut-être, mais a été transcrit alors que le sien ne l'est pas. Il n'en est pas de même ici. Si la publicité du droit d'un acquéreur peut être utilement effectuée tant que l'adjudicataire n'a pas transcrit le sien (mais cela même est controversé comme on le verra), la date à laquelle son droit est né, n'est plus indifférente ; ce droit ne peut avoir quelque force, en effet, que s'il a été constitué par un propriétaire capable de disposer. Or, toute aliénation consentie par le débiteur depuis la transcription de la saisie est nulle de plein droit (article 686), et le tribunal ne peut refuser d'en constater l'inexistence. La transcription d'une telle aliénation n'est donc pas opposable à l'adjudicataire ; c'est du moins ce qui semble résulter des principes du droit commun.

Supposons maintenant une aliénation consentie par le débiteur alors qu'il était encore capable de disposer ; la transcription de la saisie arrêtera-t-elle la transcription du droit, comme elle empêcherait désormais sa naissance ? Cette question, on l'a vu, est vivement controversée, et le droit que donne aux créanciers saisissants, la transcription de la saisie, est, suivant les uns, un droit réel au mépris duquel aucune publication d'une aliénation ne peut plus être faite ; selon d'autres, il n'y a pas ici un conflit de droits réels ; l'hypothèque des créanciers saisssants n'est pas ici en cause ; elle n'est pas désarmée par l'aliénation de l'immeuble saisi, puisque le droit de suite s'y attache ; les créanciers reçoivent, de la transcription de la saisie, des droits que peut invoquer même un créancier chirographaire, s'il est le poursuivant ; en un mot, c'est en qualité de créanciers pratiquant une saisie, et non en qualité de créanciers hypothécaires, qu'ils agissent ici.

Dans le premier système, l'adjudicataire deviendrait

propriétaire malgré toute transcription opérée postérieure·
ment à celle de la saisie ; dans le second, la saisie et la vente
forcée s'évanouiraient, comme ayant porté sur un
immeuble dont le saisi n'était plus propriétaire ; les
créanciers recommenceraient, sur nouveaux frais, leur
saisie sur l'acquéreur, et l'adjudicataire serait évincé.

Un système entièrement opposé peut être cependant
appuyé sur des raisons solides. Il se résume d'un mot : la
transcription de la saisie est sans effet à l'égard de l'adjudicataire. Quelles que soient les conséquences qu'elle produit, à l'égard des créanciers saisissants, dans leurs rap·
ports avec le saisi, elle ne peut avoir aucune influence
sur ceux qui s'établissent entre le saisi et l'adjudicataire ;
elle intervient d'ailleurs à un moment où celui-ci est
encore inconnu.

La transcription de la saisie, en effet, n'établit qu'une
incapacité toute relative du débiteur exproprié ; la
défense d'aliéner, l'immobilisation des fruits, ne sont édictées que dans l'intérêt des créanciers; nul autre qu'eux
ne saurait s'en prévaloir. Lorsque la loi donne à l'adjudicataire le droit d'attaquer un acte fait au cours de la
saisie par le débiteur, elle le dit expressément ; ainsi,
dans l'article 684, elle réserve à l'adjudicataire, à côté des
créanciers, le droit de demander l'annulation des baux
qui n'auront pas acquis date certaine avant le commande-

ment. Aucun texte ne nous permet d'établir entre lui et ces créanciers un lien de droit quelconque ou tout au moins une responsabilité contractuelle ; s'ils assistent à la vente, ils n'entendent pas promettre à l'adjudicataire plus de droit que n'en avait, un instant auparavant, le débiteur exproprié. L'adjudicataire est l'ayant-cause du saisi ; il n'est pas celui des créanciers saisissants.

L'article 687 apporte un argument d'une grande valeur à ce système. Le saisi ne peut aliéner son immeuble à partir de la transcription de la saisie ; un droit à sa valeur pécuniaire est désormais acquis aux saisissants. Cependant, ces derniers viennent-ils à être désintéressés de leurs créances, et de leurs frais, avant le jour de l'adjudication, fût-ce la veille ? l'incapacité du débiteur est levée ; la vente qu'il conclura désormais, ou même celle qu'il avait déjà passée malgré cette incapacité, produisent leur plein effet, parce que son droit de disposer n'était paralysé qu'au regard du poursuivant et des créanciers liés à la poursuite par la mention des sommations qu'ils ont reçues, faite en marge de la transcription de la saisie.

Il importe donc peu que cette transcription arrête ou non celle des aliénations antérieurement consenties par le saisi ; dans tous les cas, l'adjudicataire n'en est pas moins dépossédé ; la situation est celle-ci ; le propriétaire d'un immeuble en a consenti successivement la vente à deux acquéreurs ; le conflit qui s'élève entre eux est tranché au profit de celui qui, le premier, a fait transcrire son titre ; le droit de l'autre est nul et sans effet.

Cette solution est, en matière d'adjudication sur saisie immobilière, d'une extrême rigueur. La transcription du jugement exige ici, en effet, un long délai. Les frais d'enregistrement sont payables dans un délai de vingt jours, avant lequel le jugement ne peut être expédié ; et quinze jours au moins sont nécessaires pour l'expédition d'un acte aussi développé. La transcription intervient difficilement avant le trente-cinquième jour après l'adjudication. Il est donc facile à un acquéreur de publier son titre avant ce moment.

Un délai de quarante-cinq jours est imparti à l'adjudicataire pour opérer cette transcription, et la folle enchère pourra être poursuivie contre lui s'il n'a pas rempli cette formalité dans le délai voulu (art. 750). Ce délai est-il en même temps édicté en sa faveur, de telle sorte qu'aucune transcription opérée pendant ces quarante-cinq jours, ne lui soit opposable ? Un semblable délai est accordé en matière de vente d'immeubles par l'article 6 de la loi de 1855 ; mais il est édicté en faveur du vendeur, qui, malgré toute transcription d'une revente consentie par son acheteur, n'en conserve pas moins le droit d'inscrire son privilège sur l'immeuble. — D'ailleurs, l'article 750 n'a rien d'une mesure de faveur pour l'adjudicataire, s'il lui impartit un délai pour transcrire, c'est à fin de hâter l'ou-

verture de l'ordre et la distribution du prix, qui sont
subordonnées à l'accomplissement de cette formalité
(art. 750, § 2).

L'adjudicataire évincé peut exercer, selon les règles
qui seront étudiées plus loin, un recours contre le saisi,
son vendeur ; il peut exiger des créanciers la restitution
de son prix, à moins qu'il ne préfère, par application de
l'article 1251 du Code civil, § 2, exercer seulement son
action contre le saisi en y attachant les garanties réelles
auxquelles il est subrogé de plein droit ; c'est même
l'unique recours qu'il puisse invoquer, si les créanciers
avaient déjà supprimé leur titre, c'est-à-dire opéré la
radiation de leurs hypothèques (art. 1307, Code civil, § 2).

Deux décisions confirment ce second système ; l'une
rendue par la Cour de Paris, le 12 février 1878 ; la Cour
de cassation, devant laquelle l'arrêt a été déféré, n'a pas
tranché la question (1) ; l'autre de la Cour de Pau, en
date du 6 décembre 1886, statue dans un cas où la vente
était antérieure à la transcription de la saisie ; mais les
arguments qu'elles donnent conduiraient également à
rendre opposable à l'adjudicataire une vente consentie
après cette transcription, dès qu'elle a été publiée avant la
transcription du jugement d'adjudication (2).

____

(1) D. 79, I, 305.
(2) D. 87, II, 111.

-. Un auteur a soutenu que le saisi reste incapable de disposer à l'encontre de l'adjudicataire pendant toute la durée de la procédure de saisie, mais qu'il reprend la disposition de son bien aussitôt l'adjudication prononcée ; l'acquéreur qui aurait opéré la transcription de son titre l'emporterait sur l'adjudicatrire, si cette transcription intervenait avant celle du jugement. Ce système ne peut être suivi, parce que le jugement d'adjudication ne modifie en rien le droit du saisi au point de vue de la capacité de disposer ; incapable à l'égard des créanciers, depuis la transcription de la saisie, qui rend publique la poursuite d'expropriation qui vient de s'ouvrir, il ne peut reprendre la disposition de son bien le jour où ces poursuites ont abouti, et lorsqu'elles ont produit leur effet qui est précisément de dépouiller le saisi de ses droits à la propriété. — Quant à l'adjudicataire, il doit, si nous suivons le système de la jurisprudence, redouter, tant qu'il n'a pas transcrit, la révélation du droit d'un tiers auquel le saisi a vendu l'immeuble adjugé.

Une autre cause altère gravement les droits de l'adjudicataire et fait planer l'incertitude sur sa propriété ; mais ici c'est la nature même de la vente qui amène ce résultat. Lorsqu'un acheteur acquiert à l'amiable un immeuble, il exige, comme une condition de la vente, que le vendeur justifie par la remise de ses titres, de l'origine et de l'établissement de sa propriété. Le poursuivant, lorsqu'il rédige le cahier des charges, ne peut être tenu de faire connaitre les précédents propriétaires, car les titres sont aux mains du saisi, qui, d'ordinaire, ne consentira pas à les communiquer, on pourrait même donner par malveillance des indications trompeuses : c'est pour ces raisons que le poursuivant n'est pas tenu de faire ces recherches. (Rapport de M. Pascalis sur la loi de 1841 ; Dalloz, v° *Vente publique d'immeubles*, page 575, n° 111.) Ce défaut d'indications est de nature à écarter des enchères un grand nombre d'amateurs, à raison de l'incertitude qui pèse sur le droit de l'adjudicataire ; aussi est-ce la raison principale qui, à Paris surtout, donne lieu à la conversion du plus grand nombre des saisies en ventes volontaires, dans lesquelles le saisi communique de plein gré les documents nécessaires.

La recherche des anciens propriétaires de l'immeuble est imposée au poursuivant, pour une autre raison ; il est tenu de notifier aux précédents vendeurs, aux termes de l'article 692, des notifications, les avertissant d'avoir à exercer, avant l'adjudication, leur action en résolution, si le prix de leur vente est encore dû. Mais ici encore le poursuivant n'est point tenu de faire de longues recherches ; lorsque l'état des inscriptions prises sur l'immeuble du chef du saisi lui est délivré, il doit y trouver, si le titre

du saisi a été transcrit, une inscription d'office prise par le
conservateur des hypothèques, au nom du précédent
propriétaire ; puis il recherche, d'après ce nom, l'acte de
transcription opéré par ce propriétaire lui-même, lorsqu'il
a fait l'acquisition de l'immeuble, acte qui fait connaitre
le nom de son auteur. On peut ainsi remonter dans le
passé tant qu'une mutation *ab intestat* ne rompt pas la
chaine des translations successives, ou jusqu'à ce que l'un
des propriétaires ait omis de transcrire son titre d'acquisition. Le poursuivant ne peut être tenu à l'impossible ; là
s'arrêtent ses recherches. Il y doit joindre seulement les
indications que lui donne son propre titre de créance, et
suivant un arrêt récent, les renseignements que fournit,
sur les propriétaires successifs, la matrice cadastrale.
Cette dernière décision est, du reste, critiquée car le
cadastre, en matière civile, n'a d'autre valeur que celle
d'un simple renseignement (1).

Une seconde chance d'éviction s'ajoute ainsi au danger,
pour l'adjudicataire, d'être privé de tout droit par un
acquéreur qui a traité avec le saisi. Si les mutations
constatées sur les registres hypothécaires ne remontent

(1) Voir sur cette question un arrêt de Rouen, du 3o mars 1895,
D. 1895, II. 209, avec une note de M. Dupuich — et un arrêt de la
Cour de Pau, D. 1892, II. 328. — L'acquéreur d'un immeuble qui fait
transcrire son titre n'est pas tenu, du reste, d'opérer la mutation sur
la matrice cadastrale. Trib. Montpellier, 26 mai 1882, D. 83, III. 87.

pas à trente ans dans le passé, il plane toujours quelques doutes sur sa propriété.

La question se pose alors de savoir quels sont les effets d'une adjudication prononcée sur un saisi qui n'était pas propriétaire au jour du jugement, pour l'adjudicataire. L'étude des recours qu'il peut exercer trouvera sa place plus loin ; il ne s'agit ici que de ses droits en face du véritable propriétaire.

Dans le cas où le saisi était copropriétaire par indivis d'un immeuble de communauté, ou dépendant d'une succession indivise, et dont la vente a été poursuivie malgré l'article 2205 du Code civil qui défend l'expropriation forcée des biens indivis (puisqu'il en interdit la mise en vente), l'adjudication doit être annulée comme la saisie qui la précède. Une telle vente est en effet aléatoire, puisque l'immeuble peut être mis par le partage dans le lot d'un autre que le saisi ; aussi l'adjudication ne se ferait-elle pas avec toutes les garanties dont la loi cherche à l'entourer ; et les offres des enchérisseurs s'en seraient ressenties. L'adjudicataire est, au contraire, rendu propriétaire incommutable si la vente est faite à la requête des créanciers de tous les copropriétaires, et non plus d'un créancier personnel de l'un d'eux. Ainsi l'adjudication poursuivie par les créanciers d'une communauté légale est pleinement valable, parce qu'elle est en dehors des termes de l'article 2205. Le décès de la femme, qui survient ensuite, ne donne lieu qu'à une annulation partielle ; la revente en justice, opérée par ses créanciers, ne peut porter que sur sa part ; et la première adjudication a rendu définitivement propriétaire pour la part appartenant au mari, l'adjudicataire primitif. Ce n'est donc pas un cas où l'adjudicataire est dépouillé à raison du défaut de droit de son auteur (1).

Supposons donc un propriétaire dont l'immeuble est saisi sur un *non dominus*. Il peut soulever un incident au cours des poursuites en formant une demande en distraction. Ne l'a-t-il point fait, ignorant peut-être la saisie, dont il n'a pas été averti, l'adjudication qui la clôt laisse son droit intact, puisqu'elle n'éteint que les droits réels accessoires constitués pour la sûreté d'une créance. Il revendiquera son bien par action principale, selon les règles du droit commun, contre l'adjudicataire qui est désormais son contradicteur naturel, car il se prétend propriétaire en vertu du jugement d'adjudication. Cette adjudicataire sera nécessairement condamné à la restitution de l'immeuble, car il n'acquiert sur lui que les droits du saisi (article 717, Code de procédure civile) et d'ailleurs, en l'absence de ce texte, la solution serait la même, en vertu de l'article 1599 du Code civil qui déclare la vente de la chose d'autrui nulle à l'égard du proprétaire.

(1) V. Civ. rej., 27 août 1883, D. 84, I. 503.

La transcription même du titre est sans effet, dans le système français de la publicité hypothécaire sur les droits du véritable propriétaire ; car elle ne purge pas les vices de ce titre. (Voir une application de ce principe dans l'article 2182 du Code civil).

Cependant, quoique le droit de propriété ne puisse s'éteindre par le non usage, quel que soit le délai pendant lequel il cesse d'être exercé, la prescription de l'action en revendication fait acquérir une propriété incommutable à celui qui a possédé l'immeuble pendant trente années, sans qu'il ait à remplir d'autres conditions que celles de l'article 2229 du Code civil (caractères de la possession). L'adjudicataire même s'il est de mauvaise foi, c'est-à-dire s'il savait à l'époque où le jugement a été rendu que l'immeuble appartenait à autrui, acquerra la propriété au bout de trente ans de possession continue et non interrompue, paisible, publique, non équivoque et à titre de propriétaire, l'action en revendication du véritable propriétaire s'éteignant au bout de ce laps de temps (article 2262 du Code civil).

Mais l'adjudicataire, tant que le revendiquant n'aura pas prouvé sa mauvaise foi (article 2268 du Code civil), peut invoquer en sa faveur une prescription plus courte de 10 ou 20 années, suivant la distinction faite par l'article 2265. Il réunit en effet les deux conditions exigées par le texte pour l'application de la prescription abrégée ;

un juste titre, le jugement d'adjudication, et la bonne
foi.

Le jugement d'adjudication est un juste titre, c'est-à-
dire qu'il aurait transféré la propriété à l'adjudicataire si
ce droit avait appartenu au saisi. La plupart des jugements ne constituent pas un juste titre, parce qu'ils sont
déclaratifs et non translatifs de droit; ainsi les jugements
d'adjudication sur licitation, rendus au profit d'un cohéritier ou d'un copartageant, ne pourraient servir de base à la
prescription de 10 et 20 années.

Mais le jugement d'adjudication sur saisie immobilière
ne doit-il pas être transcrit pour servir de juste titre? Ne
manque-t-il pas jusque-là, à l'adjudicataire, une condition essentielle de la possession, la publicité? Et la loi de
1855, ne met-elle pas tout titulaire d'un droit réel, le droit
de propriété par exemple, à l'abri d'un droit rival tant que
ce dernier n'a pas été transcrit? La prescription, a-t-on dit,
ne doit courir que du jour où le titre, s'il était valable,
serait opposable aux tiers, c'est-à-dire depuis sa transcription.

Ce système doit être écarté. Si le jugement avait conféré la propriété à l'adjudicataire, il serait devenu opposable au saisi du jour de sa date et non du jour de sa
transcription. La prescription de 10, 20 années lui donne
l'effet qu'il n'avait pas, elle complète le titre en ajoutant à
sa forme, qui est régulière, un contenu, il est considéré

désormais comme ayant eu la propriété pour objet véritable, **et désormais** son vice est purgé, il a transféré ce droit à l'adjudicataire à l'encontre de tous ; obliger ce dernier à transcrire, ce **serait** ajouter à l'article 2265 une condition nouvelle ; il parle **de** titre et non de titre transcrit.

La transcription n'aurait pu, d'ailleurs, rendre publique la possession de l'adjudicataire et donner l'éveil au *verus dominus*. Car l'acte de transcription figure sur les registres au nom des parties entre lesquelles il est passé, au nom du saisi et de l'adjudicataire, et non pas au nom de l'immeuble ; le propriétaire ne pourra donc être averti par un acte passé entre deux personnes qu'il ignore. L'adjudicataire a dû posséder à titre de propriétaire ; c'est là, la véritable publicité qui aurait dû attirer l'attention du propriétaire négligent.

De plus l'article 2265 requiert le juste titre comme base de la bonne foi ; l'adjudicataire est favorisé, parce qu'il avait acquis l'immeuble du saisi, par un mode translatif de la propriété, avec la croyance que le bien adjugé appartenait au débiteur exproprié. La transcription n'ajouterait rien à sa bonne foi.

Enfin, il est admis que la transcription est sans effet, dans les rapports de deux ayants-cause qui tiennent leur droit d'auteurs différents, parce que le conflit est alors tranché, non par la priorité des transcriptions, mais par la validité des titres publiés. La transcription n'a d'effet qu'entre les ayants-cause d'un auteur commun ; l'adjudicataire n'est tenu de transcrire qu'à l'égard d'une classe strictement limitée de tiers; les ayants-cause de son vendeur et des auteurs de son vendeur (1).

Ce principe trouve son application dans un cas voisin. Nous avons supposé jusqu'ici que l'immeuble adjugé n'a jamais appartenu au saisi. La situation change si le saisi, véritable propriétaire de l'immeuble, en a disposé au profit d'un tiers, soit avant, soit après l'adjudication. On a vu, que l'adjudicataire, suivant le système généralement adopté, n'a pas plus de droits, dans ce cas, qu'un acquéreur ordinaire. De ces deux ayants-cause d'un même auteur, le premier qui transcrit devient donc propriétaire ; et l'adjudicataire, eût-il été mis en possession, eût-il possédé 10 ou 20 ans de bonne foi, se verra expulser par l'acquéreur qui a transcrit avant lui ; la loi de 1855 tranche en effet le conflit qui s'élève entre un acquéreur et les ayants-cause de son vendeur. par exemple un autre acquéreur ou un adjudicataire. Ce n'est qu'après trente ans de possession que l'adjudicataire triompherait de cet acquéreur, parce qu'alors il fait abstraction de son titre et n'in-

(1) Je rappelle ici que l'article 2180 établit pour la prescription extinctive de l'hypothèque un principe contraire, et qu'elle a pour point de départ, la transcription du titre.

voque, pour base de sa propriété, qu'une possession pro-
longée.

En vertu de l'article 550 du Code civil, l'adjudicataire
de bonne foi n'est pas obligé envers le propriétaire à la
restitution des fruits qu'il a perçus, tant qu'il a ignoré le
vice de son titre. Le saisi, tenu de le dédommager du
préjudice que lui cause l'éviction, n'aura donc pas à lui
compter la valeur de ces fruits. Il a même été jugé qu'un
titre putatif suffit à l'acquisition de ces fruits ; ainsi l'adjudicataire conserve ceux qu'il a perçus sur des parcelles
qu'il a cru comprises dans l'adjudication ; mais il n'en devient pas propriétaire (1).

Une dernière question reste à examiner ; la propriété
est-elle transférée, dans les ventes forcées, sous condition
suspensive ou sous condition résolutoire ?

Dans toute vente, le paiement du prix est une condition du transfert de la propriété. Mais dans la vente volontaire, il n'en constitue pas une condition suspensive et
la mutation s'opère indépendamment de la livraison de la
chose ou du paiement du prix, dès qu'il y a concours de
volontés sur les éléments du contrat (article 1583 du Code
civil).

(1) *Req.*, 4 août 1851. D. 54, 1, 335.

On a soutenu qu'il n'en est pas de même dans les
ventes forcées; ici, le paiement du prix. a-t-on dit, constitue le but unique de l'aliénation aux yeux de ceux qui
la poursuivent; la procédure de saisie immobilière n'a
été entreprise, que pour dégager de l'immeuble du débiteur sa plus haute valeur. Tant que les créanciers n'ont
pas obtenu satisfaction par le paiement ou la consignation de cette valeur, le transfert de propriété est suspendu.
Ainsi en a décidé la Chambre des Requêtes, par arrêt du
24 juin 1846, après un rapport de M. Troplong (1).

Ce système est aujourd'hui repoussé. La vente forcée
n'est pas un contrat *sui generis* soumis à des règles
propres; tous les principes de la vente volontaire lui sont
applicables à moins d'un texte formel. Elle **forme** une
convention synallagmatique dans laquelle **l'obligation de**
payer le prix est corrélative à celle de transférer **la pro-**
priété, chacune de ces obligations trouvant sa cause dans
l'autre. Il est vrai que les créanciers sont ici intéressés à
obtenir un prix en rapport avec la valeur de l'immeuble et
un paiement rapide et certain : mais ils trouvent dans la
loi des garanties que la loi refuse à un vendeur amiable.
La surenchère élève l'immeuble à sa plus haute valeur :
quant à l'exécution de l'obligation de l'acheteur, elle est
garantie d'une manière efficace par une action résolutoire

(1) D. 46, I, 257.

spéciale donnant lieu à une procédure simple et rapide,
dont l'effet est d'anéantir la propriété de l'adjudicataire et
les droits qu'il a constitués, et qui, à la différence de l'action résolutoire ordinaire, aboutit à la remise en vente de
l'immeuble et à la fixation d'un nouveau prix, tandis que
l'action de droit commun aurait fait rentrer l'immeuble
dans le patrimoine du saisi, sur lequel il eût fallu, sur
nouveaux frais, recommencer une nouvelle saisie ; c'est la
procédure de folle enchère.

Rien n'autorise donc à soutenir que le paiement du prix
suspend ici la naissance de l'obligation de transférer la
propriété, ou plus exactement l'exécution de cette obligation. Il est aujourd'hui reconnu qu'à la différence de la
vente romaine, le vendeur s'oblige en droit français à
tranférer la propriété ; mais il est également certain que
cette obligation s'éteint aussitôt qu'elle est née, parce que
dans notre législation l'accord des volontés n'a pas seulement pour effet de créer des obligations à la charge du
vendeur et de l'acheteur, il suffit par lui-même à transférer
la propriété. Cette mutation, la vente forcée l'opère donc
en faveur de l'adjudicataire, par le seul effet du jugement
d'adjudication et à la date de ce jugement. Ce principe que
soutenait déjà, dans l'instance qui a donné lieu à l'arrêt
cité plus haut, l'avocat général, avait été reconnu déjà
dans un arrêt de la Chambre civile, du 6 février 1833, qui
décide expressément que « la condition du paiement du

« prix aux jour et lieu réglés par la vente en justice n'est
« pas suspensive mais résolutoire (1) ». Cette solution
résulte d'ailleurs de nombreux arrêts de la Cour de cassation, dont le plus récent date de 1880 (2).

Tous les arrêts qui consacrent, au cas de folle enchère
ou de surenchère, la résolution du droit de propriété du
premier adjudicataire, apportent du reste un argument à
ce système ; puisque ce droit est effacé rétroactivement,
c'est donc que sa translation n'était pas suspendue à l'obligation de payer le prix de l'adjudication (3).

Peu importe que, dans l'ancien droit, la vente forcée
fût considérée comme faite sous condition suspensive,
ainsi que l'a prétendu Troplong en 1846. D'ailleurs, les
expressions de rescision, de résolution, d'annihilation du
contrat, qu'emploient les anciens auteurs, pour exprimer
l'effet de l'adjudication sur folle enchère à l'égard de la
première adjudication, paraissent exclure au contraire
l'idée d'une condition suspensive. Voici comment s'exprime
par exemple Merlin : « La loi ne considère pas le fol

(1) D. v° *Enregistrement*, aff. Carde, n. 2401.
(2) Voir Cass., 25 novembre 1807 ; D. v° *Vente publique d'immeubles.*
n. 1918. — Cass., 16 janvier 1827 ; D. *eod.* v° n. 1915. — Cass.,
Rejet, 5 février 1856, D. 56, I, 544. — Cass., 20 janvier 1880, D. 80,
I, 65.
(3) Exemple : Req. 5 juin 1895 ; D. 94, I, 118. — Cf. D. 91, I, 201.

« enchérisseur comme ayant été propriétaire... elle
« regarde comme anéantie, dès le principe, la propriété
« qui *repose* sur sa tête. » — Enfin, l'arrêt de 1846, lui-
même, semble bien se contredire lorsqu'il dit : « La vente
« est *résolue* par l'évanouissement de la condition *suspen-*
« *sive* du prix. »

D'importantes conséquences résultent de ce principe ;
l'effet extinctif de la purge devant s'accomplir au moment
où s'opère la mutation de propriété (car l'adjudicataire
doit acquérir une propriété libre de privilèges et d'hypothèques), ce n'est pas à l'époque du paiement ou de la
consignation que les hypothèques s'éteignent ; cette extinction est immédiate, parce que la translation de propriété
s'accomplit elle-même immédiatement. Mais cette question
relève plutôt de l'étude de la purge. Il est une autre conséquence qui se rattache directement aux effets de l'adjudication, considérée comme une vente ; c'est la théorie
des risques.

Dans le système qui fait de l'adjudication une vente
sous condition suspensive, la question des risques devrait
être résolue par l'art. 1182 du Code civil : « Lorsque l'o-
« bligation a été contractée sous une condition suspensive,
« la chose qui fait la matière de la convention demeure
« aux risques de son débiteur, qui ne s'est obligé de la
« livrer que dans le cas de l'événement de la condition. »
L'immeuble resterait en la possession du saisi, malgré

l'adjudication, jusqu'au paiement du prix ou sa consignation, et la perte de l'immeuble serait à sa charge et à celle des créanciers ; elle libérerait l'adjudicataire de son obligation. Or la première de ces conséquences est contredite par un texte ; l'article 712 oblige le saisi à délaisser à l'adjudicataire la possession de l'immeuble, sur la signification du jugement dans lequel cette injonction est du reste insérée. Le jugement confère donc à l'adjudicataire un droit immédiat sur la chose.

Ce n'est donc pas l'article 1182, mais l'article 1138 du Code civil qui règle ici la question des risques. « L'obli- « gation de livrer rend le créancier propriétaire et met la « chose à ses risques dès l'instant où elle a dû être livrée. » L'immeuble qui périt après l'adjudication périt donc pour son propriétaire, c'est-à-dire pour l'adjudicataire : *res perit domino;* il n'en doit pas moins son prix d'adjudication.

Suivant un autre système, cette solution, d'ailleurs certaine, s'expliquerait autrement ; les risques seraient à sa charge, parce qu'il est débiteur d'une somme d'argent, obligation qui ne peut s'éteindre parce que les genres ne périssent pas, tandis qu'il est créancier d'une *res certa* dont la perte éteint sa créance. Les cas fortuits seraient à sa charge en vertu de la règle *res perit creditori,* et non de la règle *res perit domino.* L'art. 1138 du Code civil serait une conséquence de l'art. 1302 : « Lorsque le corps « certain et déterminé qui était l'objet de l'obligation

« vient à périr..., l'obligation est éteinte si la chose a
« péri... sans la faute du débiteur. » On a soutenu en
effet que l'article 1138 qui décide : 1º que l'obligation de
livrer transfère la propriété ; 2º qu'elle met la chose aux
risques du créancier, n'établit pas entre ces deux décisions un lien de cause à effet, et que la charge des risques
n'est pas une conséquence, pour le créancier, du transfert
immédiat de la propriété à son profit. Le droit romain et
l'ancien droit, en effet, mettaient les cas fortuits à la
charge de l'acheteur entre la vente et la tradition, alors
qu'il n'était pas encore propriétaire ; il fallait donc rattacher cette obligation à sa qualité de créancier.

Quoi qu'il en soit, l'intérêt de la question est ici mé-
diocre. Il faut supposer, pour qu'il apparaisse, qu'une
clause du cahier des charges a retardé le transfert de la
propriété jusqu'à une date postérieure à l'adjudication.
L'immeuble vient-il à périr entre temps ? c'est l'adjudicataire, créancier d'un corps certain, qui doit en supporter
la perte pour les partisans du système « *res perit creditori* » ;
c'est le saisi, dans l'opinion opposée, parce que les risques
sont à la charge du propriétaire, et que l'adjudicataire
n'est encore que créancier de l'obligation de livrer. Une
telle clause n'est pas de nature à être insérée souvent.

La clause qui retarderait, non le transfert de la propriété, mais l'entrée en possession de l'adjudicataire,
n'aurait aucune influence sur la question des risques ;

ils restent à la charge de l'adjudicataire. L'obligation de livrer met la chose aux risques du créancier « dès l'instant où elle a dû être livrée », ce qui ne signifie pas du jour de son entrée en jouissance, mais dès l'instant où l'obligation de transférer la propriété s'est formée, c'est-à-dire du jour de la convention (art. 1138, § 2). Si l'immeuble vient à être détruit par un sinistre durant cet intervalle, l'adjudicataire a donc droit à l'indemnité d'assurance qui peut être due, mais reste tenu de son prix.

CHAPITRE II.

A qui incombent les obligations du vendeur dans la vente forcée.

L'adjudication sur saisie immobilière étant une vente,
engendre à la charge de l'adjudicataire les obligations
d'un acheteur ; en revanche, les obligations d'un vendeur
doivent naitre à son profit. Mais à qui attribuer le nom et
la qualité de vendeur ? C'est une question sur laquelle la
doctrine et la jurisprudence ont hésité longtemps.

En face de l'adjudicataire qui, par l'effet du jugement,
devient propriétaire aux conditions que lui impose le
cahier des charges, nous trouvons un propriétaire déchu
de son droit de disposer, mais seulement à l'encontre des
créanciers saisissants, et dont l'adjudicataire est l'ayant-
cause, des mains duquel il reçoit, sans intermédiaire,
l'immeuble adjugé avec ses droits utiles et ses charges.
Mais nous trouvons encore un poursuivant qui a dirigé la
procédure d'expropriation et rédigé les clauses du futur
contrat au nom des créanciers ; et derrière lui, ces créan-

ciers, qu'il a appelés à participer à l'instance, dont les observations et les dires ont pu modifier les conditions de la vente, dont le silence vaut acceptation tacite de ces clauses. Le poursuivant peut être considéré comme leur mandataire légal ; et même ils sont plus étroitement liés par ses actes que ne l'est un mandant par ceux de son mandataire ; le mandant, lorqu'il estime que ce mandataire a accompli un acte qui lui est préjudiciable, peut simplement déclarer que ce dernier a outrepassé ses pouvoirs ; c'est aux tiers qui ont traité avec lui à prouver qu'il n'est pas sorti des limites qui lui étaient tracées (article 1998 du Code civil). Ici, au contraire, les clauses rédigées par le poursuivant sont opposables aux créanciers inscrits s'ils n'ont pas obtenu un jugement qui les réforme.

On pourrait penser que l'immeuble une fois mis sous la main de justice devient en fait la chose des créanciers qui règleront au mieux de leurs intérêts son aliénation, et que le saisi ne joue qu'un rôle passif. Cependant le cahier des charges n'est pas uniquement l'œuvre des créanciers saisissants. Une sommation d'avoir à en prendre communication et d'en contester les clauses, s'il le juge bon, est également adressée au saisi, qui, du reste, a été lié à la procédure par la dénonciation qui lui est adressée, du procès-verbal de saisie. Cette circonstance modifie grandement la nature de l'adjudication sur saisie. C'est, suivant l'expression consacrée, une vente forcée. Il y aurait lieu, cependant, de rechercher si la constitution même de l'hypothèque n'emporte pas, d'avance, l'acceptation par le débiteur de la saisie et de la vente pour le cas où il ne remplirait pas ses engagements ; l'hypothèque a pour dénouement l'expropriation forcée. C'est ainsi que le Code ne permet de constituer un droit de ce genre, qu'aux personnes capables de disposer, car l'hypothèque contient une menace d'aliénation. Et si nous voyons la loi entourer ce contrat d'une solennité particulière, exiger la rédaction d'un acte authentique devant un notaire, c'est parce qu'elle veut éveiller l'attention du débiteur sur les conséquences de son engagement : perte du droit de détruire l'immeuble donné en gage, défense de constituer des droits réels au détriment du créancier, et surtout menace d'une expropriation future.

Quoi qu'il en soit, si le successeur du saisi ne peut être choisi par lui, il est au moins désigné par la loi et le choix d'un acquéreur n'est pas laissé à l'arbitraire des créanciers. En tout cas les clauses de l'aliénation ont pu être librement débattues par le débiteur. Son silence ne doit pas être interprété comme un effet de son incapacité, mais comme une acceptation tacite des conditions de la vente ; son intérêt et celui des créanciers se confondent d'ailleurs : il s'agit pour eux de vendre l'immeuble à sa plus haute valeur ; plus le prix sera élevé, plus la situation du saisi se trouvera améliorée, soit par la réduction du chiffre de ses dettes, soit par un reliquat plus ou moins important qui lui revient après leur extinction.

Il semble donc que toutes les obligations que la loi impose à un vendeur, doivent incomber au saisi; mais ce système a été longtemps combattu et repoussé, pour des conceptions toutes différentes. Quoique la controverse ait porté principalement sur l'obligation de garantie, puisque c'est l'obligation la plus importante du vendeur, tous ces systèmes avaient une portée plus large et tendaient à un même but; dénier au saisi la qualité de vendeur; leur exposé rapide doit donc trouver sa place ici, avant l'étude séparée des diverses obligations de l'aliénateur.

Suivant un premier système, le rôle de vendeur devait revenir naturellement à celui qui a mis en mouvement la procédure de saisie, rédigé le cahier des charges et procédé à la vente en justice de l'immeuble au poursuivant. L'adjudication serait un contrat passé entre lui et l'adjudicataire, envers lequel il serait tenu comme un vendeur. On prétendrait en vain que le créancier qui poursuit une vente forcée n'a rien de commun avec un vendeur, il s'agit ici, a-t-on dit, des droits de l'acquéreur, qui sont les mêmes quelle que soit la forme de la vente; or, son recours contre l'exproprié serait le plus souvent illusoire; il est donc nécessaire d'obliger le poursuivant envers lui (1).

(1) Ce principe est posé, en même temps qu'il en est fait application

Mais dans l'opinion dominante le rôle de vendeur devait être attribué à la justice, comme étant l'auteur véritable de l'expropriation ; le poursuivant n'avait fait que la mettre en mouvement; le simple exercice de son droit d'hypothèque ne peut en faire un vendeur (1). C'était l'opinion communément admise dans l'ancien droit.

Or, il ne peut être question de rendre la justice responsable envers l'adjudicataire. L'absence de rescision pour lésion de plus des sept douzièmes, l'impossibilité d'obtenir la résolution à raison de vices cachés, qu'édictent les articles 1649 et 1684 du Code civil, ne seraient dans ce système que les conséquences d'une même idée ; la vente judiciaire, grâce aux formalités dont elle est entourée, offre à l'acquéreur le maximum de garanties et n'engendre pas par conséquent de créances à son profit. Vient-il à subir une éviction? On lui répond que les textes eux-mêmes s'opposent à son recours, il n'a acquis d'autres droits à la propriété qu'avait le saisi. Ainsi s'exprime un jugement adopté par la Cour de Colmar, le 22 mars

à telle ou telle obligation du vendeur, dans les arrêts suivants : Toulouse, 24 janvier 1826, D. v° *Vente*, n° 1045 ; — Caen, 7 décembre 1827, D. *ibid*, n° 852 ; — Cf. Colmar, 16 janvier 1817, D. v° *Tierce opposition*, n° 200 ; — Tribunal de Montpellier, 26 mai 1882, D. 85. III, 87.

(1) Rouen, 25 juin 1849, D. 50, II, 146. — Bruxelles, 12 décembre 1807, D. v° *Vente publique d'immeubles*, n° 1814 : « Attendu que « c'est la justice qui vend au nom du débiteur saisi et que le créan-« cier ne fait autre chose que de solliciter de la justice l'exécution de « son contrat d'hypothèque... »

1836 (1); ou bien encore on décide que « l'adjudicataire
« s'est soumis aux conditions, aux charges et aux chances
« de l'adjudication » (2).

Ce système ne saurait être admis aujourd'hui ; car un
tribunal n'a pas le droit, d'office, de modifier le cahier
des charges ; un projet contraire a été repoussé dans la
discussion de la loi de 1841 (V. le texte du rapport, dans
l' v° *Vente publique d'immeubles*, n°851). La justice ne
joue donc pas le rôle d'un vendeur. Ce système aboutirait
du reste à dénier à l'adjudicataire tout recours en cas d'é-
viction. Le poursuivant, sans doute, ne peut être tenu à
garantie ; on verra cependant que sa responsabilité n'en
est pas moins engagée ; quant au saisi, c'est à lui que doivent incomber naturellement les obligations dérivant de
la vente.

Passons en revue l'obligation de délivrance (avec ses
différents aspects, l'obligation spéciale relative à la contenance, et celle de donner à l'adjudicataire la jouissance
des fruits depuis le jugement) ; puis l'obligation de garantie.

Section I. — Obligation de délivrance.

Cette obligation se manifeste sous plusieurs formes, le
vendeur est tenu de délivrer la chose ou l'état dans lequel

(1) D. v° *Vente* , n° 855, note 2. — Cf., *ibid.*, Pau, 20 août 1856.
(2) Chambre des requêtes, 16 novembre 1808. D. v° *Vente*, n° 855,
note 2, première espèce.

elle se trouve lors de la vente (article 1614, Code civil), il doit délivrer la contenance indiquée au contrat (art. 1616 et s.). Il doit enfin les fruits depuis la vente (art. 1614).

§ I. — *Délivrance. — Entrée en possession de l'adjudicataire. —*
Étendue et accessoires de la chose. — Dégradations.

La possession de l'immeuble peut avoir été conservée au débiteur malgré la perte du droit de disposer ; il est alors séquestre de son propre immeuble et responsable de son administration envers les créanciers, sauf à distraire des fruits ce qui est nécessaire à sa consommation. Cet état de choses cesse par l'effet du jugement d'adjudication dont une clause enjoint au saisi de délaisser la possession.

L'adjudicataire ne peut cependant le faire exécuter qu'après avoir signifié au saisi le jugement qui le dépossède. Il doit donc s'en faire délivrer une grosse. Cette délivrance n'est obtenue que s'il présente au greffier la preuve qu'il a payé les frais ordinaires de poursuite avancés par le saisissant, c'est-à-dire les frais de toutes les formalités qui font partie de la procédure de saisie dégagée d'incidents. même des formalités anormales, telles que les affiches supplémentaires, parce qu'elles rentrent dans le système légal de publicité dont s'accompagne cette saisie. — Il doit en outre avoir exécuté les conditions que le cahier des charges l'oblige à accomplir avant la délivrance du jugement (par exemple, payer les frais extraordinaires de poursuite, c'est-à-dire ceux des incidents; l'adjudicataire ne les paie pas en sus de son enchère, lorsque le cahier des charges est muet).

La signification peut être suivie d'exécution dans les vingt-quatre heures et le saisi doit se retirer « sous peine « d'y être contraint par corps » (art. 712), c'est-à-dire par la force armée. La loi du 22 juillet 1867, n'a donc pas aboli cette contrainte toute spéciale, c'est l'exécution forcée d'une clause de jugement, celle qui enjoint au saisi de délaisser la possession. Elle est applicable par conséquent à tout débiteur exproprié, par exemple à un mineur.

Le saisi a-t-il laissé dans l'immeuble des objets lui appartenant? l'adjudicataire requiert du président une ordonnance indiquant le lieu où ils seront transportés; les frais qui en résultent sont des frais extraordinaires et privilégiés sur le prix. parce qu'ils ont été faits dans l'intérêt commun des créanciers: ces derniers, en effet, ne pourraient exiger de l'adjudicataire le prix de la vente s'il n'est pas mis pleinement en possession, a-t-on dit; par conséquent, ces frais seront à déduire du prix d'adjudication, ou remboursés comme une créance privilégiée sur le montant du prix, s'il est déjà payé.

Aucun sursis ne peut être accordé au saisi; les pour-

suites sont en effet consommées et le tribunal ne pourrait
accorder des délais, comme il le peut, lorsqu'un débiteur
le sollicite au cours des poursuites dirigées contre lui (1),
lorsque par exemple le saisi demande, avant l'adjudication, un sursis pour des causes graves et dûment justifiées (art. 703).

Le titre de l'adjudicataire est le cahier des charges.
Il ne peut donc invoquer son droit de propriété que sur
les immeubles qui y sont désignés. Si le saisi avait aliéné
avant l'adjudication une parcelle qui, pour cette raison,
a été exclue de la vente forcée, l'adjudicataire ne saurait
donc la revendiquer contre l'acquéreur, quand bien même
ce dernier n'aurait pas fait transcrire son contrat. Il ne
pourrait en effet lui opposer le défaut de transcription
qu'en lui opposant un titre contraire au sien : la pure
négation du droit de propriété ne fait l'objet d'aucune
action. Or, le titre de l'adjudicataire est inexistant à l'é-
gard de l'acquéreur, puisque ce titre ne lui reconnait pas
la propriété de la parcelle en litige (2).

Il ne pourrait davantage se présenter comme un ayant-
cause du saisi pour invoquer ses droits sur la parcelle en
question, puisque l'acheteur devient propriétaire à l'égard
de son vendeur par l'effet du consentement avant toute

(1) 26 août 1825. Grenoble D. v° *Vente publique d'immeubles*,
n° 1806.
(2) V. l'arrêt rapporté dans D. 87, 1, 265 ; Req. 18 avril 1887.

transcription, et puisque d'ailleurs l'ayant-cause d'un vendeur succède aux obligations que ce dernier a contractées envers l'acheteur.

L'art. 1615 accorde à l'acheteur « les accessoires de la « chose et tout ce qui est destiné à son usage perpétuel ». Les immeubles par destination sont donc compris dans l'adjudication ; cependant, lorsque l'usage des lieux est contraire, il doit prévaloir si aucune clause du cahier des charges n'y déroge. Le principe de la jurisprudence en cette matière est posé par un arrêt de la Cour de Bourges du 17 janvier 1831. « On peut regarder comme implicite- « ment compris dans la vente et sans qu'il ait été besoin « de les désigner nominativement les objets qui sont « tellement inhérents et accessoires à ceux expressément « énoncés dans le cahier des charges qu'il serait impos- « sible de jouir de ceux-ci s'ils en étaient détachés (1). » Ajoutons dans le même sens un arrêt de Toulouse du 22 avril 1834 (2) qui étend l'adjudication d'un bien rural aux cheptels en se fondant : 1° sur l'art. 1615 du Code civil et la généralité de ses termes ; 2° sur l'art. 1064, qui déclare les bestiaux compris dans la donation d'un immeuble rural. — Il a été jugé de même que les outils d'exploitation, étant nécessaires à la jouissance, sont

(1) D. *Vente publique d'immeubles,* n° 1790. — Cf. Grenoble, 5 février 1831. D. 54. V. 674.
(2) D. *Vente publique d'immeubles,* n° 519.

compris dans l'adjudication d'un fonds, alors même qu'ils y ont été attachés par le débiteur depuis la saisie, mais en remplacement d'outils anciens (1).

Le principe posé par la Cour de Bourges a cependant été contesté (2) et jugé inapplicable aux cheptels (3) et aux immeubles par destination (4). — Il est d'ailleurs certain que le droit de pâturage sur des pâtis communaux indivis étant un droit personnel de jouissance, doit être exclu de l'adjudication (5).

La question est du reste une question d'interprétation que doivent trancher les tribunaux et les cours d'une façon souveraine; ils décideront, par exemple, quel est l'usage adopté dans la contrée où se poursuit l'expropriation (6).

« L'obligation de donner emporte celle de livrer la « chose et de la conserver jusqu'à la livraison à peine de « dommages-intérêts envers le créancier. » (Art. 1136, Code civil). Le saisi s'oblige par conséquent, comme un vendeur, à entretenir l'immeuble, en possession duquel il est resté, depuis l'adjudication jusqu'à la prise de posses-

---

(1) Lyon, 7 avril 1855. D. 55. V. col. 410.

(2) Limoges, 26 juillet 1847. D. 48. II, 55.

(3) Poitiers, 13 juillet 1854. D. 55, II, 120.

(4) Montpellier, 51 juin 1855. D. 56. V, col. 413.

(5) Req. 29 janvier 1822. D. v° *Vente publique d'immeubles*, § 1795.

(6) Angers, 5 janvier 1877. D. 77. II, 79. — Req. 25 février 1825. D. *loc. cit.*, § 1796.

sion de l'adjudicataire ; il est tenu de réparer le dommage qu'il lui cause en dégradant l'immeuble et de l'indemniser de sa privation de jouissance.

Mais ce recours étant souvent illusoire à raison de l'insolvabilité fréquente du saisi, l'adjudicataire peut-il exiger des créanciers une diminution du prix qu'il leur doit encore ou une restitution partielle du prix qu'il leur a payé, s'il ne peut rien obtenir du saisi ?

Il parait certain que ni les créanciers, ni le poursuivant ne sont personnellement responsables des dégradations postérieures à l'adjudication commises par le saisi ou tout autre personne. En effet, la loi donne à l'adjudicataire le droit d'entrer en possession aussitôt qu'il a rempli les conditions mises à la délivrance du jugement ; il peut recourir, pour occuper l'immeuble, à la force publique ; il doit, d'ailleurs, craindre de la part du saisi, mal disposé en général contre le nouvel acquéreur, des dégradations qu'il évitera s'il met quelque diligence dans les mesures d'exécution du jugement. C'est ainsi qu'un ancien arrêt (1) a rejeté le recours, contre les créanciers, d'un adjudicataire qui s'était arrêté devant la résistance du saisi refusant de délaisser l'immeuble et dont l'immeuble avait été endommagé par ce dernier.

Il est cependant un principe qui parait justifier ici le

____

(1) Req., 18 août 1808, D. v° *Vente publique d'immeubles*, n° 1760.

recours de l'adjudicataire. Le poursuivant ni les créanciers ne sont obligés, sans doute, à lui procurer, en vertu
de la vente, la jouissance de l'immeuble. Mais s'ils tou-
chent un prix d'adjudication qui ne répond plus à la
valeur de l'immeuble adjugé, il y aura de ce fait et pour
eux un enrichissement sans cause. Aussi, la restitution ou
la répétition partielle du prix peut-elle être exigée par
l'adjudicataire (1). Il a été également décidé avec raison (2)
que ce dernier jouit du droit de résilier l'adjudication
lorsque les dégradations sont de telle importance qu'il
n'eût pas enchéri, si elles avaient existé au jour de l'adjudication. C'est une application des articles 1636 et 1638
du Code civil, écrits pour le cas d'éviction. Il n'en faudrait pas conclure que les créanciers inscrits sont soumis
à toutes les obligations d'un vendeur : seulement, le saisi
ayant perdu d'une façon définitive le droit de disposer, ce
n'est pas à lui que l'on peut s'adresser pour demander la
résiliation, c'est à ses créanciers. L'immeuble ne rentrera
dans son patrimoine que pour être placé de nouveau sous
la main de justice et adjugé une seconde fois sur une mise
à prix en rapport avec sa valeur actuelle.

La publicité qui précède la vente attire des amateurs
qui se basent, pour enchérir, sur la valeur qu'avait

(1) Bruxelles, 12 décembre 1807, D. v° *Vente publique d'immeubles*,
n° 1814.
(2) *Ibid.*

l'immeuble lorsqu'ils l'ont visité. Quel est l'effet des dégradations commises avant l'adjudication, sur le prix de l'immeuble adjugé ? Les créanciers, ici, ne peuvent être tenus à rien ; car l'immeuble est pris par l'adjudicataire dans l'état où il se trouvait au moment de la vente (article 1614 du Code civil) (1). L'adjudicataire aurait dû vérifier, avant d'enchérir, la valeur de la chose. Le saisi est au contraire tenu de ces dégradations, s'il en est l'auteur ; il est responsable en vertu de l'article 1382 à raison du dommage qu'il a causé (2). Mais il faut aller plus loin, et déclarer qu'il est obligé, en vertu d'un contrat, envers l'adjudicataire ; il prend l'engagement, en vertu de l'article 1136, de conserver jusqu'à la livraison la chose en bon état ; car il est obligé comme l'est un vendeur. — Quel est l'intérêt de cette question ? le voici ; s'il y a faute contractuelle du saisi, il est tenu des dommages qui résultent soit de son fait, soit de celui d'autrui ; les dégradations commises par un tiers seront à sa charge, ce qui est d'autant plus équitable que le plus souvent il reste en possession et peut veiller sur l'immeuble. Au contraire, la responsabilité de l'article 1382 n'a pour base qu'une faute personnelle. — La différence qui subsiste entre les deux systèmes, si le fait dommageable est impu-

---

(1) Paris, 2 janvier 1810, D. v° *Vente publique d'immeubles*, n° 1811.
(2) *Ibid.*

table au saisi, est celle-ci ; il répond, en vertu de l'article 1186, du dommage qui a pu être prévu et de celui-là seulement ; il est obligé de réparer, selon l'article 1382, même celui qui n'a pu faire l'objet d'aucune prévision.

§ II. — *Excès et défaut de contenance.*

La majorité des arrêts adopte ici les règles édictées par le Code civil pour la vente volontaire. Cependant un arrêt très ancien de la Cour d'Agen (1) n'admet pas cette assimilation et déclare qu' « une contenance approximative » est tout ce que peut exiger l'adjudicataire. C'est un vestige de l'ancienne idée, que la vente est faite par la justice au lieu et place du propriétaire, et qu'elle adjuge l'immeuble dans l'état où il se trouve (Domat. *Lois civiles*, livre II, titre 2, sect. 11, n° 17), principe dont il subsiste deux traces encore dans les articles 1649 et 1684 du Code civil.

Cette décision est isolée. L'article 1616, qui oblige le vendeur à délivrer la contenance indiquée au contrat, doit être appliqué à la vente forcée (2).

L'hypothèse d'une vente à tant la mesure ne parait pas

(1) 22 mars 1811, D. v° *Vente publique d'immeubles*, n° 1802.
(2) Ce principe est posé dans les arrêts suivants : Besançon, 4 mars 1815, D. v° *Vente publique d'immeubles*, n° 1801. — Angers, 25 août 1852, D. 55, II. 69. — Nîmes, 31 mars 1852, D. 52, II. 269.

se présenter fréquemment dans l'adjudication sur saisie. La vente en bloc, au contraire, a donné lieu à plusieurs décisions. Les articles 1619 et suivant déclarent qu'il n'y aura pas de variation de prix, dans cette hypothèse, si la différence entre la contenance déclarée et la contenance véritable n'atteint pas un vingtième en plus ou en moins : l'acheteur n'a le droit de se désister du contrat que lorsqu'il y a lieu à augmentation de prix.

Il a été jugé par application de ces textes que l'action en réduction du prix est recevable pour défaut de contenance de plus d'un vingtième dans le fonds adjugé (1) : et l'action en supplément est également admise dans le cas contraire (2).

L'action en supplément est intentée par le poursuivant ou par le saisi lorsque les créanciers sont désintéressés déjà par le prix qu'a donné l'immeuble. L'action en réduction est donnée contre les mêmes personnes aux mêmes conditions. Le délai de ces actions est d'un an (art. 1622).

La faculté donnée à l'acheteur de se désister, au cas où il aurait un supplément à payer pour conserver l'immeuble, doit être également étendue à l'adjudicataire. Cette conséquence, à raison de sa gravité, a trouvé des

(1) Angers, 25 août 1852, D. 53, II. 69.
(2) Nîmes, 31 mars 1852, D. 52, II. 269. — Trib. de Saint-Flour, confirmé par arrêt de Riom du 12 février 1818, D. *Vente publique d'immeubles*, n° 1801. — Besançon, 4 mars 1815, *ibid.*

résistances. Elle avait été déduite dans un jugement de Saint-Flour, dont les raisons ont été repoussées par la Cour de Rouen, le 12 février 1818 (1). Ce jugement invoquait l'ancien article 729 du Code de procédure, qui permettait à l'adjudicataire de demander la résolution au cas de distraction d'une partie des objets saisis (2). Cet article a été supprimé par la loi de 1841 ; mais le principe n'en est pas moins certain. Les règles de la vente, une fois reconnues applicables en cette matière, ne peuvent l'être pour partie seulement. L'adjudicataire fera donc résoudre l'adjudication et l'immeuble sera remis aux enchères sur une nouvelle mise à prix. La plupart des arrêts cités plus haut, posant le principe dans toute sa généralité, ne font aucune distinction et ne limitent pas l'application des règles du Code civil au supplément et à la diminution du prix, quoiqu'ils ne statuent que dans l'un ou l'autre de ces cas.

On remarquera que la prohibition de l'action en rescision pour lésion de plus des sept douzièmes dans les ventes en justice, ne peut servir d'argument contre la résolution de l'adjudication demandée à raison d'un supplément de prix imposé à l'adjudicataire, puisque c'est

(1) D. v° *Vente publique d'immeubles*, n° 1801.
(2) « L'adjudicataire provisoire peut, dans ce cas, demander la décharge de son adjudication. »

ici l'acheteur qui se désiste du contrat, tandis que la rescision est établie en faveur du vendeur.

Une clause du cahier des charges peut, du reste, priver le futur adjudicataire de tout recours à raison d'un défaut de contenance ; car les conventions tiennent lieu de loi aux parties entre lesquelles elles se sont formées (art. 1134, Code civil) : plusieurs décisions ont été rendues dans ce sens (1).

§ III. — *Fruits de l'immeuble.*

L'article 1614, § 2, accorde à l'acheteur les fruits depuis le jour de la vente. Les fruits antérieurs à l'adjudication ont été immobilisés au profit des créanciers par la transcription de la saisie ; l'adjudicataire n'y peut prétendre ; ils sont considérés comme un accessoire de l'immeuble dont la valeur sera jointe au prix d'adjudication et distribuée de même. D'ailleurs l'acquéreur en principe n'a droit aux fruits que du jour de la vente ; une clause qui le prive des fruits antérieurs est donc inutile (2).

(1) D. v° *Vente publique d'immeubles*, n° 1803 ; arrêts de Liège des 20 février 1812 et 25 février 1815, ce dernier refusant la résolution pour défaut de contenance des trois huitièmes. — Cassation dans D., 1868, I. 485.

(2) Req., 17 avril 1828, D. v° *Vente publique d'immeubles*, n° 725.

La clause qui renvoie à une époque postérieure la date
à laquelle les fruits pourront être perçus n'empêche pas
l'adjudicataire d'entrer en possession de l'immeuble, sa
jouissance est seule retardée ; il a donc le droit d'expulser
le saisi. Cette clause a le plus souvent pour but de permettre au précédent propriétaire ou aux créanciers de
toucher le terme à échoir des loyers en cours au moment
de l'adjudication (1).

Section II. — Obligation de garantie.

L'adjudicataire est entré en possession, la délivrance
ayant été opérée. Mais son droit de propriété peut être
menacé par des causes nombreuses ; énumérons-les rapidement :

1° Le défaut absolu de droit dans la personne du saisi,
ou la rescision du titre qui l'avait rendu propriétaire ;

2° La transcription d'une aliénation consentie par le
saisi, opérée avant celle du jugement d'adjudication ;

3° Un vice dans la procédure de saisie entrainant son
annulation et celle de l'adjudication qui la suit ;

4° La poursuite d'un créancier hypothécaire ou privilégié dont le droit n'a pas été purgé par le jugement d'adjudication ;

(1) Cour de Paris, 8 mai 1893. D. 94, II. 141.

5° L'action en résolution d'un vendeur impayé, dans la même hypothèse.

Ces deux derniers cas sont, du reste, de nature à se présenter rarement, l'adjudication ayant pour effet d'éteindre en principe les privilèges et hypothèques et le droit de résolution du vendeur.

On peut se demander comment l'adjudicataire ignorera le défaut de droit du saisi; il n'a, pour s'assurer de la vérité, qu'à consulter le registre des transcriptions. Mais ce registre ne fournit pas un état civil complet de l'immeuble; il peut ne pas mentionner les jugements qui prononcent la rescision, la résolution du contrat qui a rendu le saisi propriétaire; et surtout les mutations par décès n'y laissent pas de trace. Le saisi lui-même peut s'être laissé exproprier, avec une entière bonne foi, se croyant propriétaire; survient un événement qui annule son titre; ainsi, le débiteur était un héritier légitime; plus tard, un codicille ignoré se révèle, qui donne à un légataire l'immeuble de succession; l'adjudicataire en est exproprié, sans qu'il y ait de sa part ni de celle du saisi, ni de celle du poursuivant, aucune négligence ni aucune faute.

Mais l'art. 717 est formel; l'adjudicataire n'a sur l'immeuble que les droits du saisi; et la transcription du jugement ne purgerait pas les vices de ce titre, ainsi qu'on l'a vu déjà; il a été dit également qu'il s'ajoute ici, aux chances d'éviction qui menacent tout acquéreur d'immeubles, une menace de plus; le saisi ne pouvant être contraint à fournir aux créanciers les titres de sa propriété, le poursuivant ne pourra pas, le plus souvent, révéler les titulaires successifs de ce droit et assurer à l'adjudicataire une propriété incommutable, telle que celle qui s'établit par une prescription trentenaire, au moyen de la jonction des possessions des propriétaires successifs.

C'est en cette matière qu'il importe surtout de déterminer à qui doit appartenir le rôle de vendeur; car l'obligation de garantie est la plus lourde obligation qui pèse sur l'aliénateur, puisqu'elle est en réalité une forme, un autre aspect, de l'obligation de transférer la propriété.

Examinons successivement la situation des créanciers colloqués, celle du saisi et celle du poursuivant.

§ I. — *Créanciers colloqués.*

Les créanciers qui arrivent dans l'ordre en rang utile ont été désintéressés sur le prix d'adjudication; l'adjudicataire est évincé; quelle est sa situation à leur égard?

Dans un système autrefois admis, aucun recours ne lui est accordé contre eux; ces créanciers ont été régulièrement colloqués et l'on ne peut revenir sur un ordre que la justice a dressé elle-même. Cette opinion était admise

que l'ordre suivît une vente amiable ou une vente judiciaire (1). Ces créanciers n'ont-ils pas en effet touché ce
qui leur était dû ? et le fait que l'immeuble ne faisait pas
partie du patrimoine de leur débiteur diminue-t-il en rien
la validité de leur créance? Ce raisonnement est adopté
par les arrêts cités plus haut, ainsi que par un arrêt de la
Cour de cassation du 12 novembre 1850 (D. 50, I. 305).
(Mais ce dernier arrêt est rendu dans un cas tout spécial.
Un adjudicataire est obligé de désintéresser un créancier
à hypothèque légale dont il croyait le droit éteint, en vertu
de la jurisprudence qui était restée en vigueur jusqu'à un
arrêt de cassation du 22 juin 1833 ; peut-il répéter les
collocations attribuées aux créanciers qui eussent été re-
jetés en dehors de la liste des créanciers colloqués, si l'hypothèque légale avait pris rang dans l'ordre ? La Cour de
Caen l'avait admis ; son arrêt a été cassé, parce que l'adjudicataire n'ayant pas payé l'indu, mais désintéressé des
créanciers colloqués dans un ordre judiciaire, ne peut in-

_____

(1) V. Paris, 12 février 1844. D. v° *Vente* n° 1556 7° acquéreur
amiable exproprié par un précédent vendeur impayé ; il ne peut se
faire restituer par un créancier colloqué le montant de sa collocation.
(Ce cas de résolution de la vente ne se produirait plus aujourd'hui,
parce que, dans l'espèce, le vendeur n'avait pas inscrit son privilège,
ce qui, depuis 1855, entraîne l'extinction de l'action résolutoire). —
Cf. pour le cas d'expropriation forcée, Pau, 20 août 1856. D. v° *Vente*,
n° 853 — et, dans une hypothèse d'éviction partielle, Lyon, 1er juillet
1825. D. *Ibid.*, n° 856.

voquer l'article 1376 du Code civil, et parce que la circonstance que ces créanciers n'auraient rien reçu si l'hypothèque légale avait pris rang dans l'ordre, est indifférente à la validité de leur créance. L'erreur de droit com-
mise par l'adjudicataire ne fait même pas obstacle à la
répétition, parce que le paiement était fait en vue d'é-
teindre une dette dont l'existence est incontestée. — Quelle
que soit la valeur de ces raisons, l'hypothèse se présente
rarement depuis la loi de 1858 qui purge les hypothèques
légales lorsque la notification prescrite par l'art. 692 a été
adressée à leur titulaire ou à son représentant.)

Dans ce système, l'adjudicataire n'aurait un recours
que contre le saisi.

Cette opinion est aujourd'hui repoussée. On invoque
pour la soutenir l'art. 1377 du Code civil : « celui qui
« reçoit par erreur ou sciemment ce qui ne lui est pas dû,
« s'oblige à le restituer à celui de qui il l'a indûment reçu. »
Mais cet argument n'est nullement décisif, puisque les
créanciers ont reçu le paiement de créances incontestées :
suum receperunt. La réponse à ce système est dans
l'art. 1377 § 1er : « Lorsqu'une personne qui, par erreur,
« se croyait débitrice, a acquitté une dette, elle a droit de
« répéter contre le créancier. » L'adjudicataire ne s'est
jamais engagé à payer toutes les créances inscrites sur
l'immeuble ; il est quitte envers les créanciers, en leur
versant la valeur de ce bien ; il serait d'ailleurs inexpli-

cable qu'une chose donnée en gage pût répondre d'une somme supérieure à sa valeur pécunière. C'est là le fondement de l'effet extinctif de la purge. L'adjudicataire ne doit donc que son prix ; et il ne doit ce prix, comme tout acheteur, qu'en échange de la propriété. La mutation ne s'est-elle pas opérée, ou bien est-elle rétroactivement anéantie ? Son obligation est sans cause ; il ne doit rien verser s'il n'a pas encore payé ni consigné ; il peut répéter dans le cas contraire, ce paiement fait indûment, en vertu de la *condictio indebiti* ou plus exactement *causa data causa non secuta*, suivant un arrêt qui sera cité plus loin.

D'ailleurs les créanciers ne sont que cessionnaires du prix d'adiudication ; ils le tiennent du saisi qui, par l'effet de l'expropriation, est tenu de le leur céder immédiatement sans doute, mais qui le reçoit des mains de l'adjudicataire. « Le prix qui représente la chose, dit un arrêt de la Cour « suprême (1), rentre dans le patrimoine du saisi pour « être distribué entre ses créanciers ». Seulement, à peine ce prix est-il entré dans le patrimoine du débiteur, que le droit hypothécaire l'atteint ; la déchéance du terme dont est frappé ce débiteur, met en œuvre ce droit dont

____

(1) Req. 31 janvier 1893, D. 94, 1, 325. L'arrêt déduit cette conséquence du principe qui sera développé plus loin, que le poursuivant n'est pas un vendeur et qu'il ne fait que provoquer la vente des biens de son débiteur.

l'effet est de réserver à ceux qui en sont titulaires la valeur intégrale de l'immeuble. Les cessionnaires du prix
n'ayant pas d'autres droits sur lui que ceux du cédant
sont soumis en principe aux mêmes exceptions que lui;
or un vendeur est tenu à la restitution de son prix en cas
d'éviction, et ne peut en exiger le paiement lorsque l'acquéreur est menacé d'être dépouillé de la chose vendue.

Cette solution était d'ailleurs admise dans l'ancien droit,
contrairement aux lois romaines (1). Elle l'est aujourd'hui
presque sans controverse (2).

Il n'y a pas à distinguer d'ailleurs les creanciers inscrits
sur le saisi de ceux qui ont pris hypothèque sur les précédents propriétaires (3); tous sont soumis à restitution.

La répétition ne porte que sur les sommes versées par
l'adjudicataire, sauf dans le cas où les créanciers connais-
saient la cause d'éviction qui le menaçait, lorsqu'ils ont
été désintéressés; ils doivent alors les intérêts du jour du
paiement (art. 1378, Code civil), à raison de leur mauvaise foi. Mais cette circonstance ne les oblige pas à payer
des dommages et intérêts.

----

(1) LL., I. 2. Code Cred., *Evict. pign. non deb.*

(2) V. Arrêt de Lyon, 2 juin 1825. D., v° *Vente*, n° 835 avec le dé-
veloppement de la théorie romaine de la restitution de l'indu. —
Colmar, 22 mars 1856, D., *ibid.*, n° 833. — Riom, 28 juin 1855,
D., 56, II., 156.

(3) Arrêt de Lyon, 15 décembre 1841. D., *ibid.*, n° 856 (cas d'éviction partielle.

La preuve du paiement et celle de l'éviction incombent selon le droit commun à l'adjudicataire demandeur.

Quelques arrêts (1) admettent le principe de la répétition de l'indu, mais en qualifiant cette restitution d'une façon inexacte : ils disent que les créanciers sont tenus à garantie. Il n'y a rien de commun entre l'obligation de garantie naissant de la vente, et qui doit incomber au saisi, et la restitution du prix qui a pour but de faire cesser un enrichissement sans cause ; le vendeur est tenu de réparer jusque dans ses moindres détails le préjudice causé à l'acheteur par l'éviction ; les créanciers au contraire qui n'ont pas fait vendre l'immeuble du débiteur par esprit de spéculation, mais pour sa payer de ce qui leur est dû, ne peuvent être tenus de payer des dommages-intérêts à l'adjudicataire évincé.

§ II. — *Saisi.*

L'ancien Droit (Voët, Pothier), et plusieurs auteurs de ce siècle (Troplong, Delvincourt, Massé et Vergé), ne reconnaissant pas au saisi la qualité de vendeur, ont décidé qu'il n'est pas tenu de l'obligation de garantie. La vente n'est pas son fait, elle est faite par la justice, en dehors de sa volonté et sans sa participation. Quelques auteurs

(1) Ainsi Trib. civil Lyon, 5 août 1859. D., v° *Vente*, n° 835.

cependant admettaient la garantie, mais ils la tiraient de cette circonstance que le sa.si avait connu nécessairement la vente forcée et s'était laissé donner le titre de propriétaire (Duranton, Marcadet), et reconnaissaient d'ailleurs que cette vente s'était faite sans sa participation. On pouvait leur répondre que le fondement de la réparation que doit le vendeur à l'acheteur évincé, ce n'est pas le fait de s'être laissé considérer comme propriétaire, c'est le fait d'avoir vendu, de s'être comporté comme un vendeur, alors qu'on n'avait pas le droit sur la chose. Or, sur ce point, il n'y avait pas de controverse; le saisi assiste passivement à son expropriation, il n'y participe pas.

Aussi le système le plus répandu, qui d'ailleurs conserve encore de nombreux partisans, était-il celui-ci : le débiteur est responsable de son fait ou de sa négligence personnelle, dans les termes de l'article 1382 du Code civil; son obligation ne nait pas d'un contrat, elle nait d'un quasi-délit; instruit par la dénonciation de l'expropriation qui lui a été faite du procès-verbal de saisie, et par une sommation d'avoir à prendre connaissance du cahier des charges, il n'a pas fait insérer dans ce cahier un dire par lequel il déclarait aux futurs enchérisseurs son défaut de droit sur la chose; il est coupable uniquement de son fait ou de sa faute, Aussi cette responsabilité ne peut-elle lui incomber que s'il est capable de s'obliger; un mineur, un interdit n'en seraient pas passibles. Mais s'il n'est soumis à une cause d'incapacité, son silence seul l'engage; il ne saurait répondre à l'adjudicataire évincé qu'il a gardé une attitude passive d'où ne peut naitre pour lui aucune obligation; tous les débiteurs saisis s'abstiendraient alors de prendre part à la rédaction du cahier des charges, et d'attirer l'attention des enchérisseurs sur leur défaut de droit; ce serait ajouter une cause de plus aux chances d'éviction dont est menacé l'adjudicataire.

Mais un autre système tend aujourd'hui à se développer. On a vu que le saisi peut être considéré comme donnant mission aux créanciers auxquels il consent une hypothèque, de vendre son immeuble et de se payer sur le prix; il y a là, a-t-on dit, une sorte de mandat tacite; le débiteur juge-t-il que le poursuivant a dépassé ses pouvoirs en insérant une clause désavantageuse, de nature à éloigner les enchérisseurs? il peut obtenir, malgré l'opposition du saisissant, un jugement qui la modifie (1), lorsque sa demande est juste et que la clause en question n'est pas la déclaration d'un droit que le poursuivant ou un créancier entend maintenir (2). D'ailleurs, il a été lié à la procédure, il a reçu une sommation, l'invitant à participer

-----

(1) V. par exemple Colmar, 14 avril 1812. D., v° *Vente publique d'immeubles*, n° 855.

(2) Par exemple, il déclare que l'adjudicataire n'aura pas à supporter un bail de plus de dix-huit ans qui n'a été transcrit qu'après l'inscription de son hypothèque.

à la rédaction du contrat; de façon que, s'il ne peut éviter l'expropriation et la vente, les conditions en seront au moins par lui librement débattues.

Aussi, plusieurs auteurs estiment-ils que le saisi contracte l'obligation de garantie, dans toute son étendue, envers l'adjudicataire. Il est tenu non seulement de restituer l'excédent du prix qu'il a pu toucher après le désintéressement de ses créanciers, mais de payer tous les dommages-intérêts nécessaires à réparer le préjudice causé à l'adjudicataire : ainsi, l'immeuble a-t-il augmenté de valeur depuis le jugement ? il en doit l'estimation au jour de l'éviction ; il doit la restitution des fruits que le propriétaire peut réclamer à l'adjudicataire, c'est-à-dire de ceux qu'il a perçus depuis le jour où il a découvert le vice de son titre; il doit les frais de signification et d'exécution du jugement, et les frais d'enregistrement et de transcription, qui sont ici les « frais et loyaux coûts du contrat », dont parle l'article 1630, les frais de l'instance engagée par le véritable propriétaire, les dépenses faites sur la chose, selon les distinctions du droit commun ; en un mot, tous les chefs de l'obligation de garantie, tels qu'ils sont énoncés dans les articles 1630 et suivants du Code civil, doivent être mis à sa charge.

Une clause de non garantie peut, d'ailleurs, exonérer le saisi de cette obligation dans la mesure où le permet l'article 1629 du Code civil. Mais en quels termes doit être conçue la clause pour avoir un effet à l'égard du saisi ? Il a été admis qu'une clause générale, sans désignation de personnes, embrasse aussi bien le saisi que le poursuivant et les créanciers ; car il est censé leur avoir donné mission de vendre son immeuble. Ainsi en a décidé la Cour de Lyon dans un arrêt confirmé par la Cour suprême (1) ; la clause s'étend, dit l'arrêt, aux créanciers qui sont parties dans l'instance et au saisi, « parce « que le poursuivant est réputé avoir agi dans l'intérêt « de tous ceux que concernent la poursuite et la vente. »

Mais il en est autrement, lorsque la garantie est stipulée dans ces termes : « L'adjudicataire ne prétendra à aucune « garantie contre les poursuivants », et, de cette solution, on peut tirer implicitement que l'obligation de garantie est à la charge du saisi.

Un arrêt de la Cour d'Alger, en date du 14 décembre 1859, avait étendu, dans un cas où le cahier des charges contenait une clause semblable, le bénéfice de cette clause au saisi qui n'y était pas visé. « Le créancier poursuivant, « dit l'arrêt, stipule pour lui, pour les autres créanciers, « et pour le saisi ». Ce dernier joue, en effet, un rôle passif, et l'immeuble est vendu malgré lui. La Cour suprême a cassé cet arrêt le 28 mai 1862 ; elle pose en

(1) V. le texte de ces deux arrêts D. 68, 1, 485. — La clause a trait à la garantie de la contenance, mais le principe n'en est pas moins posé d'une façon générale.

termes très nets le principe : « En matière de vente volon-
« taire ou forcée, la garantie est de droit. » — Or, la
clause de non garantie est ici limitée au poursuivant ; le
saisi est donc tenu, comme un vendeur, de cette obligation. Il est condamné, en conséquence, à restituer une
partie de son prix ; il n'y a pas lieu à des dommages-intérêts dans l'espèce, parce qu'il ne s'agit que d'un défaut de
, contenance et non d'une éviction. Mais le principe n'en
est pas moins posé. Le saisi ne pourrait échapper à l'obligation de garantie qu'en faisant insérer une clause excluant
expressément sa propre responsabilité. Ainsi, dans le cas
de déficit dans la contenance, il n'aurait pu être dispensé
de la restitution partielle du prix à laquelle l'oblige l'article 1617, qu'en faisant rectifier le cahier des charges et
ramener la désignation de l'immeuble à ses véritables
proportions, ou en y insérant une clause dans laquelle il
déclare se soustraire de ce chef à toute responsabilité.

Un arrêt récent de la Cour de cassation (1) confirme ces
mêmes principes. Le recours en garantie de l'adjudicataire contre le saisi, considéré comme un vendeur, y est
nettement établi en principe. La circonstance que dans
l'espèce l'adjudicataire était le poursuivant lui-même,
n'enlève rien à sa valeur. Mais ici, si le principe est posé,

(1) V. D. 95, I, 458, le texte de l'arrêt confirmé et celui de la décision de la Cour de cassation.

l'application en est écartée par la présence d'une clause de
non garantie applicable au saisi, à laquelle s'ajoute la
preuve, fournie par ce dernier, que l'adjudicataire avait
connaissance du péril qui le menaçait, lorsqu'il a formé
son enchère. On sait qu'en vertu de l'article 1629, la stipulation de non garantie d'éviction, jointe à la connaissance
du péril par l'acheteur, fait obstacle non seulement à tous
dommages-intérêts, mais à la restitution du prix elle-
même, tandis que l'une de ces circonstances, lorsqu'elle
se présente seule, laisse subsister cette dernière obligation.

Ce dernier principe a été consacré par un troisième
arrêt, qui pose en même temps, comme ces deux premiers,
l'obligation de garantie comme une obligation du saisi (1).
Le cahier des charges contenait un dire précisant la cause
d'éviction qui menaçait le futur adjudicataire ; dans l'espèce, l'annulation certaine d'un partage d'ascendant qui
n'a pas été fait entre tous les enfants vivants au décès du
donateur (art. 1078, Code civil) : cette stipulation du
cahier des charges suffit pour que l'adjudicataire soit présumé avoir connu le péril de la vente. (Cette solution n'est

(1) Lyon, 6 mars 1878 ; D. 78, II, 65. — Cette décision renvoie à
un arrêt de cassation du 15 décembre 1828; D. v° *Vente*, n. 855, rap-
porte un arrêt du 16 décembre 1828, mais qui n'impose nullement la
garantie au saisi, et se contente de décider qu'on ne peut la mettre à
la charge du poursuivant.

pas contestable ; V. l'arrêt déjà cité. D. 93, I, 438 ; il
décide même qu'une telle clause dispense de la clause de
non garantie lorsqu'elle précise le danger d'éviction ;
ainsi, si l'on a indiqué que telle parcelle de l'immeuble
est sujette à l'action en revendication d'un tiers, il n'y a
pas lieu à garantie à raison de cette éviction partielle,
même en l'absence d'une clause de non garantie). —
,D'autre part, le cahier des charges contenait ici une clause
de non garantie, mais limitée au poursuivant. L'éviction
se produit, le poursuivant est dégagé de toute reponsabi-
lité ; au contraire, décide l'arrêt, le saisi n'est pas protégé
par cette clause limitative ; il ne peut donc échapper à la
restitution du prix ; pour l'en exonérer, il faudrait à la
fois une stipulation de non garantie et la connaissance du
péril par l'acheteur ; ces deux conditions se rencontrent
sur la tête du poursuivant ; mais la première fait défaut à
l'égard du saisi ; il n'est donc dégagé que de l'obligation
de payer des dommages-intérêts à son acheteur évincé ; il
lui doit rendre son prix.

(L'arrêt en question base l'obligation de garantie dont il
admet le principe, non sur l'article 1630, mais sur l'article 1599 du Code civil, qui déclare nulle la vente de la
chose d'autrui et impose des dommages-intérêts au vendeur lorsque l'acheteur ignorait son défaut de droit. Il n'y
a pas cependant vente de la chose d'autrui dans l'espèce,
puisque l'éviction est postérieure à l'adjudication ; à ce

jour, l'immeuble était encore la propriété du saisi ; c'est aux mains de l'adjudicataire que l'éviction l'a frappé.)

Ainsi, la jurisprudence semble aujourd'hui reconnaitre que le saisi est tenu de l'obligation de garantie. Seulement elle n'a, jusqu'ici, fait autre chose que poser le principe ; dans les espèces qui ont été analysées, des clauses du cahier des charges ou d'autres circonstances ont limité l'obligation du saisi à la simple restitution du prix, à la garantie *minima* à laquelle un vendeur ne saurait se soustraire (sauf dans le cas de l'art. 1629). Or, cette garantie ne peut être que l'œuvre de stipulations expresses. Il semble donc, que dans le cas où de telles clauses ne seront pas insérées au cahier des charges en faveur du saisi, la jurisprudence, pour être logique, devra imposer à ce débiteur, outre la restitution du prix, des dommages-intérêts, en vertu des articles 1630 et suivants du Code civil.

Il est à peine utile d'ajouter qu'aucune clause ne saurait exonérer le saisi, dans le cas où l'éviction est causée par un fait qui lui est personnel ; par exemple, il a revendu l'immeuble, après l'adjudication, à un tiers qui a fait transcrire son titre avant que l'adjudicataire n'ait pu opérer la publication du jugement d'adjudication.

Il reste à déterminer les différences qui séparent dans leur application les deux systèmes en présence sur la responsabilité du saisi.

Le saisi est-il tenu, en vertu de l'article 1382, à raison
du dommage qu'il cause à l'adjudicataire par son fait ou
sa négligence, en se faisant passer pour propriétaire
incommutable de l'immeuble ? La restitution du prix
peut être une réparation insuffisante, et la réparation
concorde sensiblement avec ce qu'obtiendrait l'adjudicataire d'un vendeur. Une nuance seulement est à signaler :
le vendeur n'est tenu que du dommage que l'on pouvait
prévoir lors du contrat ; ainsi l'adjudicataire est évincé
d'une maison dont le percement inattendu d'une voie
nouvelle avait doublé la valeur depuis le jugement : en
vertu de l'article 1150 du Code civil, le saisi n'est pas tenu
de dédommager l'adjudicataire de cette plus value, au
moins lorsqu'il n'y a pas de dol à lui reprocher. Il y serait
obligé au contraire en vertu de l'article 1382. — D'ailleurs
plusieurs auteurs estiment que l'article 1150 n'est pas
applicable à la vente, parce que la question sur laquelle
il statue est résolue par des articles spéciaux à la vente
(principe de l'article 1639) ; et ces articles ne font aucune
distinction entre le dommage qui a pu être prévu et celui
qui n'a pu l'être, non plus qu'entre le dol et la bonne foi
du vendeur (article 1630).

Quoiqu'il en soit, il subsiste au moins une différence :
l'article 1382 n'est applicable au saisi que s'il est capable
de s'obliger ; il est tenu à raison de son fait ou de sa
négligence ; l'article 1630, au contraire, s'étend même à

un mineur qui répond de l'obligation de garantie sur ses biens, sauf au tuteur à être poursuivi plus tard en dommages-intérêts à raison de sa mauvaise gestion (article 450 du Code civil).

C'est principalement sur l'effet des clauses de non garantie que diffèrent les deux systèmes. Dans celui qui prend pour base l'article 1382, elles sont entièrement inutiles ; où l'on ne veut pas voir un vendeur, en effet, on ne peut parler de garantie. L'éviction provient-elle du fait personnel ou de la négligence du saisi ? (il n'a pas fait insérer au cahier des charges un dire déclarant la cause d'éviction qui menace l'adjudicataire) la clause de non garantie ne saurait le couvrir. Provient-elle d'une autre clause ? il ne répond pas de l'éviction et n'est tenu qu'à la restitution du prix : la clause de non garantie, qui a pour but d'écarter l'obligation de payer des dommages-intérêts, est donc encore inutile ici.

Dans le système opposé, au contraire, la clause de non garantie est nécessaire pour que le saisi ne soit pas tenu à des dommages-intérêts envers l'adjudicataire, au cas où l'éviction ne provient pas de son fait personnel ; car dans le cas contraire cette clause serait impuissante à préserver le débiteur de l'obligation d'indemniser son acheteur du préjudice qu'il lui a causé (article 1628).

§ III. — *Poursuivant.*

Le système ancien qui faisait du poursuivant un vendeur devait le soumettre à l'obligation de garantie envers l'adjudicataire évincé. C'est ce que décidait notamment dans les termes les plus formels un arrêt de la Cour de Caen du 7 décembre 1827 (1) qui disait : « C'est aux « créanciers poursuivant l'expropriation des biens de leurs « débiteurs à apporter garantie à l'adjudicataire de la « dépossession qu'il peut éprouver ainsi que serait tenu « de le faire le débiteur lui-même s'il procédait volon- « tairement à la vente de son bien. » Il a été décidé de même que le poursuivant devait, comme un vendeur, garantir l'adjudicataire des condamnations qui seraient prononcées contre lui au profit d'un créancier qui n'a pas été appelé à l'ordre quoique régulièrement inscrit ; mais le terme de garantie est ici inexact ; le poursuivant est dans ce cas responsable de sa négligence en vertu de l'article 1382, ainsi qu'on le verra plus loin (2).

Le système qui soumet le poursuivant à garantie est aujourd'hui universellement repoussé. Il peut invoquer,

(1) D. V. *Vente*, n° 852.
(2) D. V. *Tierce opposition*. Arrêt de Colmar du 16 janvier 1817. N° 200.

en effet, l'article 717 du Code de procédure civile : il ne vend l'immeuble que tel qu'il le trouve aux mains de son débiteur : de ce qu'il poursuit l'exécution d'une vente forcée, il ne suit pas qu'il devienne l'auteur de l'adjudicataire : car il vend la chose du saisi, comme étant la propriété du saisi dont il est le représentant. D'ailleurs, est-il vrai que la vente soit son œuvre ? Il en est bien plutôt le provocateur, selon l'expression d'un arrêt de la Chambre des requêtes du 30 juillet 1834 (1). Il ne vend pas, de plus, de son plein gré ; s'il fait exproprier son débiteur, c'est parce que les autres moyens n'ont pas abouti ; il met alors en œuvre son droit hypothécaire, dont l'effet normal est la dépossession du débiteur et la conversion de son immeuble en un prix sur lequel s'exerce, selon leur rang, le droit des créanciers hypothécaires et privilégiés. Il ne poursuit donc que l'exécution de son droit et s'il cherche à réaliser la valeur de l'immeuble dans les conditions les plus favorables, ce n'est pas dans l'espoir d'un gain à réaliser, mais afin de rentrer dans ce qui lui est dû.

L'obligation de garantie ne trouve donc pas place ici. L'adjudicataire évincé ne peut obtenir du poursuivant, en principe, que ce qu'il a le droit de demander à tout créan-

---

(1) D. V. *Vente*, n° 1347. Il s'adresse à la justice pour qu'elle prononce le dessaisissement de son débiteur et désigne le nouveau propriétaire.

cier, le montant de la collocation qui lui a été attribuée et qui, désormais, est sans cause dans ses mains (1).

Deux applications de ce principe ont donné lieu à des décisions particulièrement nettes.

Un curateur d'une succession vacante fait saisir et vendre un immeuble litigieux dépendant de cette succession : l'adjudication a lieu ; l'adjudicataire est ensuite évincé ; il obtient la restitution des collocations qu'il a payées ; mais aucune obligation de garantie ne pouvant être mise à la charge du poursuivant, aucune responsabilité ne pesant sur lui à raison de son fait ou de sa négligence, l'adjudicataire n'a droit à aucune indemnité. En conséquence, les frais d'ordre et de saisie qu'il a payés au poursuivant ne lui seront pas restitués (2). Cet arrêt dont la décision paraît être d'une extrême rigueur, considère donc ces frais comme ne faisant pas partie du prix ni de la restitution. Ce système doit-il être adopté ? La question sera examinée plus loin. Il ne faut ici retenir qu'une chose ; l'adjudicataire ne peut pas exiger des

(1) V. les motifs d'un jugement du Tribunal civil de Lyon du 5 août 1859. D. V. *Vente*, n° 855 — et les décisions suivantes : Req., 16 décembre 1828. D., *Ibid.*, n° 855. — Alger, 30 octobre 1882. D. 85, I. 146. — Pau, 6 juin 1891. D. 92, II. 528 — qui repoussent les prétentions d'adjudicataires évincés, agissant en garantie contre le poursuivant. — Adde, Caen, 14 août 1868. D. 70, II 95 — Bordeaux, 10 juillet 1867. D. 67. V. *col.* 226.

(2) Rouen, 25 juin 1849, D. 50, II, 146.

dommages-intérêts du poursuivant. (Dans l'espèce, le curateur qui poursuit l'expropriation est en même temps l'avoué
qui en rédige la procédure ; il peut donc opposer à l'adjudicataire le bénéfice [de distraction ; mais l'arrêt décide
avec la plus grande netteté que même en dehors de cette
circonstance l'adjudicataire ne pourrait répéter les frais).

Un arrêt de la Cour de cassation a rejeté de même, tout
récemment, l'obligation de garantie (1). Le créancier
poursuivant n'est pas un vendeur, il fait vendre la chose
de son débiteur, « et le prix qui la représente rentre dans
« le patrimoine de ce dernier pour être distribué entre
« ses créanciers suivant l'ordre des privilèges et hypo-
« thèques ». Sauf le cas de faute personnelle (lequel sera
examiné plus bas) le poursuivant n'est pas obligé envers
l'adjudicataire, il n'en est pas le débiteur. De là une conséquence importante. L'adjudicataire évincé prétendait
agir contre l'avoué et l'huissier qui avaient mis l'immeuble
en vente, en invoquant l'article 1166 du Code civil ; le
poursuivant étant obligé à le garantir selon les termes de
l'article 1629, il avait donc le droit, disait-il, d'actionner
les débiteurs de son débiteur, c'est-à-dire l'avoué et l'huissier, tenus envers le poursuivant à raison du mandat qu'il
leur avait confié. Cette prétention a été repoussée, parce
que le poursuivant, n'étant dans l'espèce responsable

(1) **Arrêt du 31 janvier 1895. D. 94, I. 525.**

d'aucune faute personnelle, ne pouvait être considéré comme le débiteur de l'adjudicataire ; il n'y avait entre eux aucun lien de droit ; l'article 1166 était donc inapplicable.

Tous les arrêts qui ont été précédemment cités ou analysés consacrent, au contraire, à la charge du poursuivant. le principe d'une responsabilité toute spéciale qu'il s'agit maintenant de déterminer.

L'éviction qui dépouille l'adjudicataire, dans les cas étudiés jusqu'ici, prenait naissance dans le défaut de droit du saisi, soit que ce droit de propriété n'eût jamais existé en sa faveur, soit qu'il eût aliéné son bien au cours des poursuites. Une autre cause d'éviction se présente maintenant : l'immeuble a été saisi sur le véritable propriétaire : il ne l'a pas aliéné depuis l'adjudication ; mais une nullité de la procédure a vicié les actes préparatoires à la vente et par conséquent l'adjudication elle-même.

Les nullités de procédure peuvent être de deux sortes : nullité de fond et nullité de forme.

Nullités de fond : le poursuivant a mis en vente un immeuble que la loi défendait de saisir ou bien le débiteur a exproprié en dehors des conditions prescrites par la loi ; exemple : on a saisi et vendu une part indivise d'un cohéritier dans une succession (il s'agit de la poursuite pratiquée par les créanciers personnels d'un cohéritier), ar-

ticle 2205 du Code civil ; on a vendu les immeubles d'une
femme dotale ; ceux d'un mineur (même émancipé) ou d'un
interdit, sans discussion préalable de son mobilier (2206);
les immeubles non hypothéqués ont été mis en vente alors
que ceux qui étaient grevés d'hypothèque suffisaient à désintéresser les créanciers (2209; et que le poursuivant en
a fait la preuve ; le titre du poursuivant était nul, enfin.

Dans tous ces cas, celui qui invoque une nullité prétend
que la saisie ne pouvait avoir lieu. Il peut soutenir, au contraire, que les formalités légales destinées à garantir les
droits des créanciers ou du saisi, n'ont pas été observées,
que les délais ont été violés, etc., (V. tous les articles auxquels renvoie l'article 715 du Code de procédure civile).
Ces nullités de forme se subdivisent en deux classes ; sont-
elles relatives à des actes antérieurs à la publication du
cahier des charges ? Elles ne sont pas recevables en principe après cette publication ; il en est de même des nullités
de fond (article 728). Quant aux nullités postérieures,
elles doivent être invoquées au plus tard trois jours avant
l'adjudication. Comment l'adjudicataire peut-il donc être
exproprié à raison d'un vice de la procédure ?

On peut supposer qu'un créancier inscrit avant la saisie
n'a pas été lié à la poursuite et n'a pas reçu par la négligence du poursuivant la notification prescrite par l'article 692 ; il peut demander la nullité de la procédure
même après l'adjudication par voie d'action principale. —

Le pourvoi en cassation, de plus, est ouvert, sur le fondement d'une nullité qui se trouve dans le jugement même d'adjudication, aux créanciers et au saisi ; s'il est admis, l'adjudication tombe. — Enfin l'adjudicataire peut être évincé par le véritable propriétaire, dans un cas où le poursuivant connaissait le défaut de droit du saisi, et cependant a continué les poursuites.

On a vu plus haut que le poursuivant n'a pas à rechercher l'origine de la propriété, qu'il n'est tenu de mentionner que le nom des anciens vendeurs qu'il connaissait d'après son titre, et que selon un arrêt récent (1), il n'est pas tenu de consulter le registre des transcriptions ; la liste des anciens propriétaires que délivre le conservateur sur l'état des inscriptions, est la seule indication dont il doivent tenir compte. — Mais il est en faute lorsqu'il connaissait le défaut de droit du saisi ou le vice de son titre et ne les a pas révélés aux futurs enchérisseurs.

Dans tous ces cas, la responsabilité du poursuivant est en jeu ; dans tous ces cas en effet, il a commis un fait ou une négligence personnelle dont la conséquence a été l'annulation de l'adjudication ; il doit donc réparer en vertu de l'article 1383 du Code civil, le préjudice qu'il a causé à l'adjudicataire.

La jurisprudence est depuis longtemps fixée en ce sens·

______

(1) 6 juillet 1891. Cour de Pau. D. 92, II, 528.

Un arrêt de Colmar du 22 mars 1836 (1), distingue nettement dans ses motifs la simple obligation de restituer le prix qui incombe à tout créancier colloqué au cas où l'adjudicataire est évincé, de la responsabilité particulière que le poursuivant encourt lorsque cette éviction a pour cause une négligence personnelle. Un autre arrêt résume cette idée dans une formule : « le poursuivant est responsable de la validité de la poursuite envers l'adjudicataire et « tenu de le garantir de toute éviction provenant de son « fait » (2), qui serait l'expression exacte de la vérité, si le terme de *garantie*, pouvait s'appliquer à l'obligation née d'un quasi-délit qu'édicte l'article 1382.

La même solution est consacrée dans un arrêt de Grenoble du 23 mars 1820, pour le cas d'une saisie pratiquée en vertu d'une créance non liquide, contrairement à l'article 2213, dans l'espèce, une créance de dépens dus à un officier ministériel et non encore liquidés par jugement. Il est évident que l'officier ministériel, personnellement responsable de son fait, ne pourrait ici invoquer le bénéfice de distraction, pour écarter la demande de rembourse-

____

(1) D. V. *Vente*, n· 855.

(2) Dijon, 25 août 1827. D., v° *Vente publique d'immeubles*, n° 1556. — Il s'agit d'une procédure d'adjudication poursuivie malgré un appel formé contre un jugement rejetant un moyen de nullité de la procédure. — Même espèce et même solution dans un arrêt de Lyon du 21 mars 1817. V. *Vente publique d'immeubles*, n° 1549. — Cf. Besançon, 21 juin 1810, D., *ibid.* n· 111 (*cas de vente d'immeuble indivis*).

ment des frais qui lui ont été payés par l'adjudicataire, en vertu des clauses du cahier des charges (1).

Dans les arrêts plus récents, le même système est admis sans hésitation. Le principe en est consacré par un arrêt de cassation du 31 janvier 1893 (2) et des décisions nombreuses ont été rendues en ce sens (3).

Le montant des sommes que doit restituer le poursuivant indique d'ailleurs qu'il ne s'agit pas d'une simple répétition du prix. Un arrêt condamne le poursuivant au remboursement de toutes les sommes déboursées par l'adjudicataire (4), ce qui comprend, outre le prix, les frais de poursuite et d'ordre et les frais extraordinaires qu'il a payés lorsque le cahier l'y obligeait. Un autre lui permet de répéter : « tout ce qu'il justifiera avoir payé en sa » qualité d'adjudicataire », formule non moins large (arrêt de Grenoble, cité note 1). — Un autre enfin condamne le poursuivant à payer à l'adjudicataire les dépens de l'instance intentée par le copropriétaire d'un immeuble saisi en totalité, qui revendique sa part (arrêt de Riom, cité note 3 ; seulement ici encore cette obligation est inexacte-

(1) Grenoble, 25 mars 1820. D. V. *Vente publique d'immeubles,* n° 219.

(2) D., 94. 1, 525. — Cf. Arrêt de la Cour de Pau. D., 92, II, 528.

(3) Riom, 11 août 1854, confirmé par Cass., 18 avril 1855. D., 55, 1, 205. — Caen, 14 août 1868. D., 70, II, 95.

(4) Arrêt de Lyon du 21 mars 1817, cité plus haut.

ment qualifiée de garantie, par une analogie trompeuse avec l'article 1630, § 3).

La restitution des frais peut-elle être considérée comme équivalant à des dommages-intérêts ? et ne serait-elle pas due même par les créanciers colloqués, à titre de répétition de l'indu, lorsqu'aucune faute n'est imputable au poursuivant ? Avant d'étudier cette question, deux points restent à examiner.

On a vu que le poursuivant n'est pas tenu de rechercher, ni d'établir l'origine de la propriété vendue. Sa responsabilité sera donc écartée toutes les fois qu'il a vendu l'immeuble appartenant à un tiers si les circonstances prêtaient à croire que le saisi en était propriétaire, en d'autres termes, toutes les fois qu'il y a de sa part, erreur excusable. Ainsi, le saisi habitait-il et exploitait-il l'immeuble ? La propriété était-elle portée à son nom sur la matrice cadastrale ? Le poursuivant était en droit de le croire seul et véritable propriétaire ; aucune responsabilité ne lui est donc imposée envers l'adjudicataire évincé (1). — De même, le saisi possédait-il l'immeuble, en avait-il,

---

(1) Pau, 6 juillet 1891, D., 92, II, 328. C'est cet arrêt qui décide également que le poursuivant n'a pas à rechercher sur le registre des transcriptions, le titre du saisi ou de ses prédécesseurs ; dans l'espèce, il y eût immédiatement trouvé que le saisi n'était propriétaire que d'une partie de l'immeuble saisi, et le tribunal avait édicté, pour cette raison, le poursuivant à la responsabilité de l'article 1585; la Cour de Pau a infirmé cette décision.

seul, aliéné une partie quelque temps avant la saisie ;
avait-il grevé, seul encore, la partie qui lui restait, de
droits hypothécaires ; la propriété figurait-elle sous son
nom au cadastre? l'ensemble de ces circonstances est une
base suffisante pour rendre excusable l'erreur du poursuivant et le dispenser de payer à l'adjudicataire des dommages-intérêts (1).

Il reste à faire une remarque sur la valeur des clauses
de non garantie insérées au profit du poursuivant. Une
telle clause ne saurait le couvrir, lorsqu'il est prouvé qu'il
a connu le défaut de droit du saisi : il a été jugé, de même
qu'il reste soumis à responsabilité, s'il avait connaissance
d'une détérioration grave équivalant à une éviction partielle (la destruction d'un bâtiment), et n'a pas fait mention de cette circonstance dans le cahier des charges ou ne
l'a pas déclarée au moment où s'ouvrent les enchères (2).
Une telle réticence entraîne l'application de l'article 1383;
la clause de non garantie ne saurait en affranchir le poursuivant, car sa responsabilité naît ici d'un quasi-délit,
d'une négligence personnelle, qui ne peut être couverte
par aucune clause contractuelle parce qu'elle naît en dehors de tout contrat.

(1) Cassation, 7 avril 1879, confirmant Chambéry, 8 juillet 1878.
D. 80, 1, 8.
(2) Amiens, 8 mars 1859. V. *Vente*, n° 840.

La clause de non garantie est donc aussi peu utile au poursuivant qu'elle l'est aux créanciers inscrits, parce que ce n'est jamais un rapport contractuel qui les lie à l'adjudicataire; ils ne sont tenus envers lui qu'à raison d'une négligence ou d'un fait dommageable, ou à raison d'un enrichissement sans cause. L'éviction provient-elle d'un fait étranger au saisi? il n'en est pas tenu, quand même aucune clause n'est insérée, ayant pour but de limiter sa responsabilté. Provient-elle de sa faute personnelle? il n'échappera pas à cette responsabilité, quand même une clause de non garantie aurait été stipulée par lui.

Revenons maintenant à la·question qu'a soulevée l'étude de la responsabilité du poursuivant; les frais de poursuite payés par l'adjudicataire, sont-ils une partie du prix qu'il puisse répéter comme payée sans cause au cas d'éviction? ou ne sont-ils dus qu'à titre de dommages-intérêts, par un poursuivant coupable personnellement? (Le saisi, évidemment, est toujours tenu à leur restitution, soit comme frais et loyaux coûts du contrat, selon l'article 1630 § 4, soit comme accessoires de la vente selon l'article 1593. Mais son insolvabilité rendra souvent illusoire le recours de l'adjudicataire).

Un arrêt déjà cité (1) décide que le poursuivant n'ayant pas tiré de ces frais un profit personnel, n'est pas tenu à

(1) Rouen, 25 juin 1849, D. 50, II, 146.

restitution. Mais la raison de décider est ici toute spéciale.
Le poursuivant est ici un officier ministériel, protégé par
le bénéfice de distraction ; aucune faute dans la poursuite
ne lui est reprochée ; il doit donc être désintéressé de ses
frais ; il n'est donc pas tenu de les restituer lorsque l'adjudicataire les lui a versés ; mais ce dernier peut-il se re-
tourner contre les créanciers colloqués? l'arrêt, s'il ne le
décide pas en principe, ne le conteste pas non plus ; la
question ne lui était pas soumise.

Un autre arrêt (1) écarte, indirectement, mais d'une
façon certaine, la répétition des frais. Il considère que « la
« restitution du prix et des intérêts est une offre suffi-
« sante; à l'égard des frais et enregistrement payés par
« l'adjudicataire, il a perçu les fruits. » L'adjudicataire
étant de bonne foi, conservait les fruits à l'encontre du
propriétaire ; l'arrêt, en opérant une compensation entre
les fruits et les frais, met donc ces derniers à sa charge.

D'autres décisions sont dans ce sens, par exemple un
arrêt de cassation du 7 avril 1879, confirmant un arrêt de
Chambéry du 8 juillet 1878 (1), il exclut formellement la
restitution des frais, dans un cas d'erreur excusable du
poursuivant.

Citons encore une ancienne décision de la cour de Pau,
du 20 août 1836 (2).

(1) D. 80, I, 8.
(2) D. V. *vente*. n° 855.

Les arguments que les arrêts apportent à l'appui de ce
système sont-ils d'une force irrésistible ? On en peut
douter. A ceux qui décident que la restitution des frais
est impossible parce que les créanciers n'en ont tiré aucun
profit personnel, on peut répondre que ce n'est pas la valeur dont ils se sont enrichis qu'ils doivent restituer ; autrement, on ne pourrait exiger d'eux qu'ils remboursent
leur collocation, lorsqu'ils en ont anéanti le montant dans
des spéculations malheureuses, par exemple : en effet, ils
ne s'en sont pas enrichis. Cependant il est douteux qu'une
décision judiciaire consacre jamais cette solution.

Le dernier arrêt cité invoque un autre argument, déjà
connu ; les frais ont été payés, parce qu'ils étaient dus au
poursuivant ou à son avoué ; il n'y a pas de répétition
possible parce qu'il n'y a pas paiement de l'indu. — Mais
l'article 1377 peut toujours être invoqué par l'adjudicataire ; il a payé une dette dont il se croyait, par une erreur
bien excusable, débiteur, et parce que ce paiement était la
condition même de son entrée en possession, bien plus, du
transfert de la propriété à son profit ; la folle enchère, en
effet, était prête à résoudre son droit s'il n'avait pas
acquitté dans les vingt jours les charges de l'adjudication.

Le transfert de la propriété est-il devenu impossible ?
ses obligations sont désormais sans cause, aussi bien celle
de payer les frais que celle de payer le prix, **toutes deux**

ayant été contractées uniquement dans l'espoir de la propriété, et cet espoir ne se réalisant pas.

Peut-être serait-on tenté de contester ces arguments, si
l'un des arrêts cités plus haut ne venait les fortifier lui-
même (arrêt de la cour de Pau) ; il dit en effet « que les
« frais de poursuite sont considérés par la loi comme fai-
« sant partie de l'adjudication, que l'adjudicataire est tenu
« de les payer comme condition de la vente et comme
« faisant partie du prix. » L'article 713 du Code de procédure civile nous montre du reste que le paiement des frais
est autre chose que le paiement d'un accessoire du prix :
c'est une condition essentielle de la vente elle-même, et la
loi sanctionne cette obligation par la résolution du contrat.

Il n'est pas douteux, enfin, que les frais d'une poursuite
d'expropriation annulée avant l'adjudication doivent être
supportés par les créanciers lorsque le poursuivant n'est
pas en faute ; quel serait le motif d'en rendre responsable
l'adjudicataire, lorsqu'elle est prononcée après le jugement ? Les nombreux arrêts qui décident que l'adjudicataire n'est pas responsable des vices de la poursuite (1)
apportent un argument nouveau au système précédemment
indiqué. Deux arrêts anciens l'avaient d'ailleurs établi (2),

(1) Aux arrêts déjà cités dans ce sens joindre cass. 28 mars 1857.
D. v. *Vente publique d'immeubles,* n· 1769.
(2) V. Paris, 6 février 1856, v. cassation, n· 2040 — Cf Caen, 7 décembre 1827. D. v. *Vente* n· 852.

quoique l'un d'eux, hésitant à s'engager dans cette voie, se soit avisé de trancher la question en imposant la charge des frais pour moitié au poursuivant et pour l'autre moitié au saisi. (Paris, 30 mars 1834, D.V. *Vente publique d'immeubles*, n° 1953; simple citation du reste, sans reproduction de la partie du texte qui concerne la question.)

Le poursuivant actionné en restitution des frais aurait-il un recours contre les créanciers ? ceux-ci pourraient soutenir qu'il est leur mandataire légal, mais qu'ils ne lui ont pas donné mission de vendre un immeuble qui n'appartenait pas à leur débiteur, et qu'il a par conséquent dépassé les limites de son mandat (article 1998). Ils écarteraient ainsi l'application de l'article 1999 § 2, qui oblige le mandant au paiement des avances faites par le mandataire quand l'affaire a échoué sans la faute de ce dernier. — En effet, le poursuivant, s'il avait des doutes sur le droit de propriété du saisi, eût agi plus sagement en procédant à une vente sur conversion de saisie, ce qui lui eût permis de vérifier ses titres et d'obtenir de lui toutes les indications relatives à ses droits.

Précisons quelle doit être l'étendue de la restitution, à l'égard des frais. Elle doit porter sur tout ce que l'adjudicataire a payé en vertu du jugement d'adjudication; c'est-à-dire les frais de poursuite et de vente. Le coût de l'enregistrement du jugement et sa signification ne lui sont pas restitués, parce que la seule sanction de son re-

tard à effectuer ce paiement est un retard correspondant
dans son entrée en jouissance (il ne peut expulser le saisi
qu'en lui signifiant son jugement) ; ce ne serait pas un cas
de folle enchère. C'est ce qu'a décidé l'arrêt de cassation
cité plus haut (1). (Cette solution est d'autant plus favorable à l'adjudicataire que dans l'espèce il n'était pas à l'abri
de toute responsabilité, ayant enchéri, quoiqu'il connût
l'existence d'un pourvoi dont l'admission devait anéantir
son droit.)

§ IV. — *Adjudicataire.*

Le principe de l'article 1383 s'applique à l'adjudicataire
aussi bien qu'au poursuivant. Il ne pourrait, par exemple,
se prévaloir d'une nullité de l'adjudication causée par son
fait ; ainsi, sous le système de procédure du Code civil,
il ne pouvait prétendre que l'adjudication définitive rendue
à son profit et déclarée nulle à raison de son défaut de
solvabilité notoire, entrainait la nullité de l'adjudication
préparatoire qui la précédait, de sorte que la nouvelle
adjudication définitive eût été nulle comme n'étant pas
précédée d'une adjudication préparatoire, contrairement à
l'ancien article 706.

(1) Paris, 6 février 1856 ; texte v. cassation n° 2040 ; analyse, voir
Vente n° 845.

L'article 1640 fournit encore une application de ce principe.

Aucun recours ne peut être exercé, dans ce cas, par l'adjudicataire. Mais son recours est, le plus souvent, supprimé par d'autres circonstances qu'il faut ici rappeler. Elles dérivent de trois causes :

La connaissance qu'avait l'adjudicataire du péril d'éviction.

Une clause de non garantie.

La suppression, par les créanciers, de leur titre.

L'adjudicataire a-t-il connu avant l'adjudication, le péril qui le menaçait ? il ne peut exiger du saisi que la restitution du prix, et non des dommages-intérêts. Les décisions qui confirment ce système ont été étudiées avec la responsabilité qui incombe au saisi.

Mais il peut exiger la restitution de son prix des créanciers colloqués et du poursuivant. Il ne pourrait, au contraire, demander à ce dernier, s'il est en faute, des dommages-intérêts (1). Le poursuivant peut donc échapper à cette obligation en démontrant que l'adjudicataire connaissait le péril d'éviction au moment des enchères.

L'adjudicataire est présumé avoir connu le péril d'évic-

____

(1) V. Paris, 6 février 1856. D. V° Cassation 2040, analysé plus haut.

tion lorsqu'une clause précise l'avertissait du danger qu'il
courait; par exemple, que telle personne prétend à la
propriété de telle partie du bien adjugé. Les mêmes conséquences se produisent ; perte du droit aux dommages-
intérêts, droit à la restitution du prix envers les créanciers (1). Peu importe en effet, comment l'acquéreur a
connu le péril d'éviction ; si c'est au moyen d'une clause
du contrat, ou par une autre voie ; l'article 1629 ne fait
aucune distinction.

Une clause de non garantie produit exactement les
mêmes effets que les circonstances qui viennent d'être
rappelées ; elle affranchit le saisi de dommages-intérêts ;
elle n'a d'utilité ni pour les créanciers, ni pour le poursuivant.

Enfin la coexistence de ces deux circonstances : connaissance du péril d'éviction par l'adjudicataire, et clause de
non garantie, ne permet à ce dernier d'exiger aucune restitution, (article 1629) (2). La clause portant que l'adjudicataire prendra l'immeuble à ses risques et périls est considérée par les auteurs comme ayant le même effet, et le
privant du droit de répéter même son prix d'adjudication.
La vente, dans ces cas, est considérée comme une vente

(1) Req. 9 février 1852, D. 52. I, 72. — Lyon, 6 mars, 78. D. 78 II
65, déjà analysé.
(2) V. Req., 31 janvier 1895. D. 95, I. 438.

aléatoire portant sur une espérance plutôt que sur un droit et le prix d'adjudication a dû être fixé en conséquence (1).

L'article 1377 § 2 édicte une dernière cause qui supprime le recours de l'adjudicataire ; les créanciers payés ont supprimé leur titre, c'est-à-dire fait opérer la radiation de leurs hypothèques. Le seul recours qui reste à l'adjudicataire, c'est d'actionner le véritable débiteur (même texte) c'est-à-dire le saisi dont il a payé les dettes, dont il est du reste l'acheteur.

La radiation des hypothèques est-elle bien l'anéantissement du titre qu'exige l'article 1377 ? il y a, à cet égard, des décisions contradictoires dans la jurisprudence (2).

Un arrêt de cassation a décidé enfin que la suppression du titre ne fait obstacle à la radiation que si ce titre avait une valeur. Ainsi l'adjudicataire est exproprié par un vendeur impayé (la vente est antérieure à la loi de 1841) : il agit en répétition de son prix ; les créanciers opposent la radiation de leurs titres ; la Cour décide que ces hypothèques n'auraient aucune valeur, si elles subsistaient encore ; elle en conclut que l'article 1377 est inapplicable et que l'adjudicataire a droit à la restitution de son prix (3).

<hr>

(1) V. Sur ces matières un arrêt du D. 68, II. 20.

(2) V. Riom, 20 mai 1851, D. 52, II. 258. — *Contra* Riom, 28 juin 1855, D. 56, II, 156.

(3) Req. 8 février 1848. D. 48, I. 214.

EVICTION PARTIELLE

La loi signale deux causes d'éviction partielle ; une revendication par un tiers d'une partie de l'immeuble ; la révélation d'une servitude non apparente non déclarée, existant au profit d'un fonds voisin sur le fonds adjugé.

1º REVENDICATION D'UNE PARTIE DE L'IMMEUBLE

Les principes de responsabilité et de garantie qui ont été posés pour le cas d'éviction totale, sont ici applicables. L'adjudicataire a le droit de faire réduire son prix, ou de demander la résolution de l'adjudication si l'éviction est de telle importance qu'il n'eût pas enchéri, s'il avait eu connaissance de cette éviction, au jour de l'adjudication. (Articles 1636 et 1637, Code civil).

Le poursuivant et les créanciers encourent les mêmes obligations qu'au cas d'éviction totale. Le système qui refuse à l'adjudicataire le droit d'exiger d'eux la restitution de son prix lorsqu'il est dépouillé de l'immeuble, est représenté ici par un ancien arrêt de Lyon, rendu d'ailleurs dans un cas de purge opérée par un acquéreur volontaire (1).

(1) Lyon, 1er juillet 1825. D. V. *Vente* n.º 856.

C.   9

La restitution partielle du prix est admise au contraire par un grand nombre de décisions. Le principe en est nettement posé dans deux arrêts (1). L'adjudication étant un contrat à titre onéreux, l'obligation de payer la totalité du prix ne peut prendre naissance que si la mutation de propriété a porté sur la totalité de la chose, cette obligation ayant pour cause l'obligation de transférer la propriété. Une réduction de prix doit donc être accordée à l'adjudicataire ; mais à l'égard des créanciers, c'est par une *condictio indebiti* ou *sine causa* que l'adjudicataire l'exerce, puisque ce ne sont pas des vendeurs.

Comment déterminer cette réduction ? Par une ventilation qui déterminera quelle valeur représentait, dans la totalité du prix, au jour de l'adjudication, la partie dont est évincé l'adjudicataire ; une somme égale à cette valeur lui sera restituée. Cette valeur a-t-elle varié depuis le jugement ? La partie qui frappe l'éviction représentait-elle, par exemple, la moitié de la valeur totale, alors que sa valeur était presque nulle au moment des enchères ? Cette circonstance est indifférente et c'est la valeur de la chose au jour de la mutation de propriété qui, seule, servira de base à la réduction du prix.

De nombreuses décisions ont adopté le système de la réduction proportionnelle (2).

(1) Jugement du 5 août 1859 et arrêt du 15 décembre 1841, Lyon, D. v° *Vente*, n° 855. — Pau, 9 janvier 1893. D. 94. II, page 591.
(2) Chambéry, 14 décembre 1874. D. 77 II. 200. — D. 86, II 220;

Un arrêt de Toulouse du 24 janvier 1826 (1) avait admis un système tout opposé. Considérant qu'on ne doit pas traiter différemment un acquéreur, selon qu'il a, en face de lui, des créanciers saisissants ou un vendeur volontaire, il applique ici les principes de la vente, qui conduisent à des résultats tout différents.

Au cas d'éviction totale, la loi compare le prix de la chose au jour de la vente et son estimation au jour de l'éviction ; et, de ces deux valeurs, elle accorde à l'acquéreur la plus élevée. Au cas d'éviction partielle, par un manque de logique souvent critiqué, elle ne lui rend jamais que la seconde de ces valeurs, fût-elle inférieure au prix. Ce sont ces principes qu'applique l'arrêt cité : il oblige le poursuivant à restituer à l'adjudicataire la somme que représente le champ dont il est évincé, au jour de l'éviction. (Aucune faute n'étant du reste attribuée à ce poursuivant.)

On a vu que le poursuivant ne fait que provoquer la vente du bien d'autrui, pour en dégager un prix dont peut-être il ne touchera rien. Il ne doit donc répondre, sauf le cas d'une faute personnelle, que de la restitution partielle du prix en vertu de la *condictio indebiti,* comme un créancier quelconque.

C'est par les mêmes raisons que l'on doit repousser un

vente sur conversion. — Cass. 21 mars 95 D. 95. 1. 458. — Paris, 9 janvier 1895. D. 94 II 591. — Montpellier, 5 mai 1865. D. 66. II. 20.

(1) D. v⁰ *Vente,* n· 1045.

système bizarre d'un arrêt de Dijon (1) qui met à la charge des créanciers inscrits une indemnité calculée, à l'égard de ceux qui l'étaient avant la cause de l'éviction, sur la valeur que représentait dans le prix la portion enlevée à l'adjudicataire, tandis que les créanciers postérieurement inscrits seraient tenus proportionnellement à la valeur du fonds au jour de l'éviction. Les créanciers sont ou ne sont pas des vendeurs ; aucune distinction ne peut être établie entre eux.

Le saisi, au contraire, est obligé à une restitution calculée selon les principes de l'article 1637, et la valeur qu'il doit rendre à l'adjudicataire est celle de l'objet au temps de l'éviction. Seulement le défaut d'harmonie entre les dispositions du Code relatives à l'éviction totale et celles qui régissent l'éviction partielle produit ici un effet particulier. Tandis que, dans les cas d'éviction totale, la restitution imposée aux créanciers ne peut être supérieure aux dommages-intérêts imposés au saisi (puisque l'un des éléments de ces dommages-intérêts est la restitution du prix) les créanciers sont tenus ici de rendre une partie proportionnelle du prix calculée d'après la valeur au jour de l'adjudication, tandis que c'est l'estimation de la partie perdue au jour de l'éviction qui détermine la somme dont

(1) 8 février 1817, D. v° *Vente*, n° 1044.

est tenu le saisi ; cette partie a-t-elle subi depuis la vente une dépréciation ? il sera tenu à moins que les créanciers colloqués. On peut justifier cette différence en remarquant que les variations de valeur de la chose peuvent avoir une influence sur les obligations des contractants, parce que dans tout contrat il entre une pensée de spéculation, un espoir de gain ; tandis que les créanciers ne sont tenus qu'à une restitution calculée sur les règles de l'équité la plus stricte, parce qu'il ne s'agit pas ici d'un gain à réaliser, mais d'un enrichissement sans cause à éviter ; il n'y a pas de lien contractuel entre les créanciers et l'adjudicataire.

L'effet des clauses de non garantie est ici la même qu'au cas d'éviction totale (1).

L'article 1637 paraissant s'appliquer aux évictions *pro indiviso* aussi bien qu'à celle d'une part divise, les mêmes règles doivent être étendues à l'éviction d'une fraction indivise de l'immeuble adjugé.

2° SERVITUDE NON APPARENTE

Les servitudes actives que le cahier des charges déclare exister au profit du fonds adjugé n'existent-elles pas ? l'ad-

(1) V. les arrêts déjà cités : Paris, 9 janvier 1893, D. 94. II. 391. — Cass. 21 mars 1893. D. 95. I. 438.

judicataire subit une éviction partielle dont il lui est dû réparation selon les principes précédemment posés.

Une servitude que le cahier des charges n'a pas révélée vient-elle à se manifester contre le fonds adjugé ? Si c'est une servitude apparente, l'adjudicataire n'a droit à aucun recours (1). Si c'est une servitude non apparente, l'article 1638 donne à l'acheteur le droit de résilier la vente (si la servitude diminue à ce point la valeur de l'immeuble qu'il ne l'eût pas acheté en cet état) ou de demander une indemnité.

Qui doit supporter ces conséquences ? Le poursuivant, qui n'a pas fait insérer au cahier des charges une clause révélant l'existence de la servitude, lorsqu'il la connaissait ; quant au saisi, il est toujours garant des servitudes non apparentes, non déclarées ; il ne pourrait soutenir qu'il les a ignorées.

Le système qui ne reconnait pas au saisi la qualité de vendeur le soumet à une action nécessaire de l'adjudicataire, aux dépens duquel il s'est indûment enrichi ; ce dernier a diminué ses dettes d'une somme supérieure à la valeur de l'immeuble. Ce recours, suivant le système adopté jusqu'ici, doit être donné au contraire à l'adjudicataire envers les créanciers, par application de l'article 1377, lorsque le poursuivant n'est pas en faute.

(1) Car il a connu nécessairement son existence et acheté par conséquent à ses risques et périls ; c'est l'application de l'article 1629.

La clause qui précise l'existence d'une servitude grevant le fonds adjugé libère le poursuivant de l'obligation de l'article 1382 ; elle libère également le saisi de l'obligation de garantie, lorsqu'elle est insérée à son profit. Peu importe en effet, pour priver l'adjudicataire de son recours, qu'il ait connu personnellement l'existence de la servitude ou qu'il en soit averti par le cahier des charges.

Il va de soi qu'un créancier qui se rend ensuite adjudicataire ne peut, en présence d'une clause revenant au profit d'un tiers déterminé l'existence de servitudes, contester ensuite ce droit à cette personne, puisqu'il est lié par le contrat à la rédaction duquel il a d'ailleurs lui-même participé (1).

Mais une clause générale de non garantie des servitudes ne priverait pas l'adjudicataire de son recours à raison de la révélation d'une servitude non apparente. Une clause précisant l'existence et la nature de telle servitude dont bénéficie telle personne ou tel fonds, aurait seule cet effet (2) et priverait l'adjudicataire du droit de résiliation ou de diminution du prix.

Mais peut-on soutenir que depuis la loi du 23 mars 1855 aucune servitude ne peut être ignorée des tiers, puisqu'elle

(1) Req. 18 janvier 1852 D. v° *Vente* n° 1097.
(2) Voir l'arrêt cité D. V° *Servitudes* n. 1258. Req. 28 mars. 1857.

ne leur est opposable qu'autant que l'acte qui la constitue a été transcrit ? Ou cette transcription a eu lieu et la servitude est opposable à l'adjudicataire alors même qu'elle serait occulte et qu'aucune clause n'en préciserait l'existence dans le cahier des charges ; ou la servitude n'est pas rendue publique et peut être méconnue par les tiers qui ont acquis, sur l'immeuble, des droits réels tels qu'un droit de propriété.

Ce raisonnement n'est pas décisif, la transcription des servitudes ne peut être assimilée à une publicité effective, parce que les servitudes constituée par testament ne sont pas rendues publiques, ainsi que celles qui ont été créées avant la loi du 23 mars 1855.

De plus s'il est vrai que la transcription révèle, le plus souvent, l'existence de la servitude aux tiers dans leurs rapports avec son titulaire, l'adjudicataire reste admis à prouver à l'encontre du poursuivant et du saisi qu'il a ignoré que l'immeuble fût grevé de cette charge et doit être indemnisé.

Ainsi l'adjudicataire peut exercer des recours contre les créanciers, le poursuivant et le saisi, lorsqu'il est privé d'une partie de l'immeuble ou de l'immeuble entier par un défaut de contenance ou une éviction partielle ou totale.

Mais on a vu que les mêmes principes ne sont pas

applicables dans les deux cas. Dans le cas de déficit dans la contenance, l'acheteur possède la chose entière qu'il avait voulu acquérir, elle lui est acquise avec la situation et les limites qu'il lui connaissait. Dans le cas d'éviction, il est au contraire dépouillé d'une portion de l'objet qu'il avait cru acquérir.

Aussi la diminution de prix n'est-elle pas admise dans la première de ces hypothèses, lorsque le déficit est peu important (sauf dans les ventes à tant la mesure). Elle doit être accordée, au contraire, à l'acheteur quelque minime que soit la partie dont il est privé, lorsque c'est une éviction qui l'en dépouille. Dans le second cas, les créanciers sont donc tenus à une restitution proportionnelle du prix, et le saisi à des dommages-intérêts calculés d'après l'article 1637 (1).

Il résulte de cette distinction qu'une clause de non garantie pour défaut de contenance ne fait pas obstacle à l'action en diminution de prix pour éviction partielle, parce qu'elle ne peut être étendue à un cas tout différent de celui qu'elle a prévu. Il a été jugé, au cas de vente amiable, que lorsque l'acheteur n'obtient pas la délivrance d'une pièce de terre indiquée au contrat, il y a là une véritable éviction, parce que le déficit porte sur une part

(1) **Cass.**, 14 janvier 1851. D. 51, 1. 91. — Cf. Arrêt de Cass. D. 81, 1. 210.

précise de l'objet (1). (L'éviction peut porter sur une part
divise ou indivise ; le défaut de contenance, au contraire,
suppose par sa définition même un déficit dans la quotité.)

Un arrêté de Cassation (2) semble considérer, au
contraire, dans ses attendus, que l'éviction d'une part
représentant moins d'un vingtième, pas plus qu'un déficit
de pareille importance, ne donne droit à une diminution
du prix ; il en conclut que la clause qui exclut la garantie
à raison d'un défaut de contenance, suffit à faire obstacle
à toute répétition, dans un cas d'éviction de plus d'un
vingtième. Cette assimilation parait sujette à critique : et
un arrêt de la Cour de Montpellier (3) a jugé, avec plus de
raison, que la clause de non garantie de la contenance ne
peut arrêter une action en diminution proportionnelle du
prix intentée par l'adjudicataire privé d'un objet certain.
d'une part précise et déterminée de l'immeuble, par une
demande en distraction.

L'adjudication sur saisie immobilière donne donc
naissance, au cas d'éviction, à trois responsabilités d'inégale étendue.

Les créanciers sont tenus à raison des sommes qui leur
ont été attribuées ; la répétition est admise contre eux.

(1) Req., 30 août 1857. D. 57, I. 460.
(2) Cass., 14 avril 1862. D. 62, I. 455.
(3) 3 mai 1865. D. 66, II. 20.

en commençant par le dernier colloqué dans l'ordre. Mais là se borne leur obligation ; ils n'ont pas participé à la vente dans un but de spéculation, mais afin d'obtenir le paiement de ce qui leur était dû. Il est donc équitable de les soustraire aux chances du contrat, telles que l'augmentation de valeur de l'immeuble entre le jugement d'adjudication et l'éviction : cette circonstance n'accroit pas la valeur qu'ils sont tenus de restituer en vertu de l'article 1377.

Le poursuivant est tenu comme les créanciers ; de plus, à raison de sa qualité de poursuivant, il répond des fautes personnelles qu'il a pu commettre en dirigeant la procédure, dans les termes des articles 1382 et 1383.

Le saisi, enfin, est tenu comme un vendeur, sauf une restriction relative aux vices cachés.

Si l'adjudicataire est exposé à des chances nombreuses d'éviction, sa situation est donc assurée ; il peut rentrer dans les sommes qu'il a déboursées (cependant rappelons que, suivant certains arrêts, il n'a pas droit à la restitution des frais). D'autre part, il est à l'abri d'un vice de la procédure, et peut obtenir du poursuivant la réparation du dommage qui en résulte pour lui. Enfin, sa situation devient favorable, dans le cas où le saisi n'est pas insolvable ou revient à meilleure fortune ; il jouit alors des larges indemnités qu'accorde la loi à l'acheteur évincé, contre son vendeur.

Il est évident, du reste, que la responsabilité limitée du poursuivant et des créanciers a pour fondement leur situation de créanciers cherchant à obtenir le paiement de ce qui leur est dû : que l'adjudicataire qui revend l'immeuble adjugé, ne peut invoquer une semblable situation ; qu'il doit, par conséquent, garantir son acquéreur dans les termes du droit commun, et ne saurait prétendre qu'il vend l'immeuble tel qu'il l'a acheté, sans garantie. Sa bonne foi même ne peut le soustraire à l'obligation de payer à son acheteur évincé, outre la restitution du prix, des dommages-intérêts en vertu des articles 1630 et suivants du Code civil (1).

(1) Req., 2 décembre 1890. D. 91, 1. 478.

CHAPITRE III

Obligations de l'Adjudicataire.

Le jugement d'adjudication constitue l'adjudicataire personnellement débiteur de son enchère. Le prix est dû au saisi dans le patrimoine duquel il entre, pour être aussitôt saisi par les créanciers hypothécaires, auxquels, en vertu de leur contrat, la valeur intégrale de l'immeuble a été réservée à l'exclusion des créanciers qui n'ont pour gage que l'ensemble des biens du débiteur (1). — Suivant l'expression d'un arrêt, il y a délégation immédiate par le débiteur, de ce prix aux créanciers hypothécaires ; une clause du cahier des charges porte, en effet, que l'adjudicataire versera son prix entre leurs mains (2).

Le poursuivant et les créanciers inscrits peuvent poursuivre l'exécution de cette obligation contractée par l'adjudicataire, sur tous ses biens. Il n'est pas tenu, comme un tiers détenteur, à raison de sa possession de l'immeuble;

(1) V. Cass. 51 janvier 1895, D. 94. I. 525.
(2) V. Lyon, 8 mars 1840, D. V°, *Privilèges et Hypothèques*, n° 1.689.
— Cf. Cass. dans D. 50. I. 214.

il s'est obligé personnellement (article 2092) ; c'est dire qu'il s'est obligé sur son patrimoine tout entier. Par conséquent il ne peut délaisser la possession de l'immeuble dans le but de se soustraire à ses obligations (1).

Par une seconde conséquence de ce principe, l'exécution de ces obligations peut se poursuivre, non seulement par voie de folle enchère, mais par toutes les voies de droit (article 713, Code de Procédure Civile). Le porteur d'un bordereau de collocation peut agir, par exemple, par la saisie exécution des meubles de l'adjudicataire (2). La procédure de folle enchère, malgré ses avantages, n'est pas imposée aux créanciers ; ils peuvent poursuivre une nouvelle expropriation de l'immeuble sur l'adjudicataire, quoique les frais de cette procédure soient frustratoires (3).

Le jugement d'adjudication n'étant qu'un acte judiciaire, n'emporte pas hypothèque sur les biens de l'adjudicataire : cet effet est réservé aux jugements emportant condamnation ; or, l'adjudicataire n'est pas condamné au paiement de son prix : le tribunal a pour seule mission de constater l'acceptation tacite, par le dernier enchérisseur, des clauses et conditions de la vente. — Ce jugement n'est

(1) Paris, 17 janvier 1816, D. v° *Privilèges et Hypothèques*, n° 1855.
(2) Riom, 25 juin 1821, cité. D. v° *Vente publique d'Immeubles*, n° 1.849.
(3) Bruxelles, 5 janvier 1822, D. *ibid.* — *Contra* Pau, 7 janvier 1855. D. *ibid.*, n° 1877.

donc pas un acte de juridiction contentieuse, puisqu'il n'est même pas une décision, mais bien plutôt le procès-verbal des enchères.

(Le jugement condamne le saisi à délaisser la possession ; mais la sanction de cette condamnation est dans le concours de la force armée ; une hypothèque judiciaire serait sans utilité.)

Une clause du cahier des charges ne pourrait, de même, établir une hypothèque générale sur les biens de l'adjudicataire au profit du poursuivant, pour sûreté du prix et des charges ; car les parties contractantes ne peuvent déroger aux principes des conventions, qui défendent l'établissement d'une hypothèque générale sur les biens d'un débiteur. Un arrêt, en conséquence, a refusé tout effet à l'inscription d'une hypothèque de ce genre (1).

Quel serait l'effet d'une clause établissant une hypothèque spécialisée sur tel immeuble de l'adjudicataire? Cette hypothèque ne peut être considérée même comme une hypothèque conventionnelle, parce qu'elle n'est pas constituée dans un acte notarié.

Un ou plusieurs immeubles sont adjugés en bloc à plusieurs adjudicataires conjointement pour un prix unique ; leur obligation est solidaire et indivisible, même s'il y a

____

(1) Limoges 5 mars 1854. D. 55, II 59.

eu déclaration de command à l'audience pour l'un d'eux, relativement à l'un des immeubles mais sans désignation de prix (1). L'obligation est en effet indivisible, parce que si le paiement en lui-même est susceptible de division, le rapport sous lequel il est considéré dans l'obligation ne permet pas cette division (article 1218, Code civil) ou tout au moins l'exécution partielle de l'obligation serait contraire à l'intention des parties (article 1221) (2).

La répartition du prix que font entre eux les coadjudicataires est sans effet à l'égard des créanciers. Le fait, par un avoué, qui s'est rendu adjudicataire moyennant un prix unique, de déclarer ensuite plusieurs commands entre lesquels il partage l'immeuble et son prix, laisse donc les derniers solidairement tenus de la totalité du prix. Cependant il a été admis que des actes d'exécution volontaire ou bien une clause du cahier des charges pouvaient écarter ce principe (3).

L'adjudicataire paye le prix de la façon et à l'époque qui sont indiquées au cahier des charges. Il n'est pas plus responsable de la validité de procédure d'ordre qu'il ne l'est de celle de saisie, et se libère de son obligation en se con-

---

(1) Limoges, 28 juillet 1848, D., 49, II 171.
(2) Cf. Limoges, 14 janvier 1895, analysé dans *Gazette du Palais*, table de 1895, 2° semestre, page 15.
(3) Nîmes, 5 mars 1855. D. 55, II 162.

formant à un ordre irrégulier (1). — Lorsqu'aucune clause
ne le lui interdit, il a le droit de consigner, d'après une
jurisprudence constante, sans offres préalables, comme
tout acheteur dont le vendeur n'est pas en état de recevoir
le prix.

Toute clause relative à l'époque et au mode de paiement est licite en principe et peut écarter l'application de
ses principes ordinaires. Ainsi, quoique la saisie prive le
débiteur du bénéfice du terme, et que ses dettes deviennent exigibles, le cahier des charges peut obliger l'adjudicataire à garder en ses mains le prix ou une partie du
prix (2).

(A l'inverse, il a été décidé sous la loi de Brumaire an
VII qui permettait à l'adjudicataire de ne payer les créances qu'à leur échéance, qu'une clause contraire pouvait
l'obliger à un paiement immédiat.) (3)

Une clause peut obliger l'adjudicataire à consigner son
prix car le créancier peut stipuler un terme en sa faveur
contre son débiteur (article 1187.) S'il contrevient à cette
clause, il paye la différence entre les intérêts payés par la
Caisse des dépôts et consignations et le taux légal (Nancy
dans D. 92. II. 161).

(1) Cass., 28 mars 1857. D. v° *Vente publique d'Immeubles,* n° 1.769.
(2) Voir 15 janvier 1856. D. 56. 1. 90 ; cf. D. v° *Vente publique d'immeubles* n. 1755.
(3) V. Rejet 2 novembre 1807. D. *ibid.* n. 1755. — cf. *ibid.* Bruxelles
12 Thermidor an III sur le remboursement des ventes constituées.

L'adjudicataire est tenu de payer, à titre d'accessoires et en sus du prix, les frais ordinaires de poursuite dont le saisissant a fait l'avance, depuis ceux du commandement jusqu'à ceux du jugement d'adjudication, même le prix des placards et affiches extraordinaires, parce qu'ils rentrent dans les formes légales de la poursuite dégagée d'incidents (Article 713, Code procédure civile). Il doit payer en outre les frais d'acte, c'est-à-dire de transcription et d'enregistrement du jugement.

Ce n'est que sur la quittance de ces frais et sur la justification qu'il a exécuté les conditions que le cahier des charges l'oblige à remplir avant l'adjudication, que l'adjudicataire obtient la délivrance du jugement, qu'il doit signifier au saisi pour entrer en possession.

Une clause peut enfin l'obliger à payer en sus de son enchère les frais des incidents qui, sans cette stipulation, seraient compris dans le prix d'adjudication.

L'inexécution des conditions qui doivent être accomplies postérieurement à l'adjudication a pour sanction la folle enchère. (Article 713.)

L'adjudicataire menacé d'une éviction peut-il suspendre le paiement de son prix selon l'article 1653 du Code civil ? Ce droit lui a été reconnu par un arrêt de cassation du 5 mars 1817 (1) et par un autre arrêt du 28 août 1839 qui

____

(1) D. v° *privilèges et hypothèques*, n° 1173.

autorise l'adjudicataire à exiger des créanciers les sûretés qu'il pourrait exiger d'un vendeur, et à suspendre le paiement à raison d'une menace imminente d'éviction (dans l'espèce. la résolution d'une précédente vente pour défaut de paiement du prix ; ce cas n'est pas de nature à se présenter souvent depuis la loi de 1841) (1).

Une clause précise indiquant le péril de la vente enlèverait à l'adjudicaire le bénéfice de l'article 1653 ; ainsi le cahier des charges révèle que le bien donné au saisi avec réserve par le donateur de l'hypothéquer jusqu'à concurrence d'une somme déterminée.

Ajoutons que le danger d'éviction résultant d'une nullité de la procédure est également une cause légitime de la suspension du paiement par l'adjudicataire (2).

Remarquons cependant qu'un jugement peut toujours permettre à l'adjudicataire de payer un créancier isolément avant l'ouverture de l'ordre, quand sa qualité est incontestée, et lorsqu'il menace d'évincer l'adjudicataire (Voir Turin 6 juillet 1813) (3).

L'effet essentiel du jugement d'adjudication, la purge

(1) D. *Ibid.* n° 1177 — L'adjudicataire peut faire opposition à la délivrance des bordereaux ; mais s'ils sont déjà délivrés il a le droit de refuser de les payer.

(2) D, v° *Vente publique d'immeubles* n. 1770, Agen, 10 janvier 1810 : Ventes de biens de mineurs.

(3) D. *Ibid.*, V. 1765, Administration des domaines.

des privilèges et hypothèques, n'est pas subordonné au paiement du prix ; mais cette question rentre dans l'étude de la purge.

INTÉRÊTS DU PRIX

L'adjudicataire doit les intérêts du prix dans trois cas. (Article 1652) :

1° Le cahier des charges l'y oblige. (Une clause peut l'en dispenser, et elle est opposable à tous les créanciers ; mais elle est de nature à se présenter rarement) (1).

2° L'adjudicataire n'ayant pas payé son prix à l'époque fixée, reçoit une sommation des créanciers (elle fait courir les intérêts) ; (l'article 1652 déroge ici à l'article 1153 qui exige une demande en justice pour produire cet effet).

3° L'immeuble produit des fruits naturels ou civils. Les intérêts sont dus par l'adjudicataire du jour où l'utilité de la chose lui est acquise ; ils sont la contre-partie de la jouissance de l'immeuble. Aussi sont-ils payables, même si l'entrée en possession est fixée à une date ultérieure, du jour de l'adjudication, lorsque les fruits en sont accordés à l'adjudicataire à partir de ce jour (2).

Lorsque l'entrée en jouissance est retardée par le man-

(1) V. cependant Cass. 11 août 1813. D. v° *Vente publ. d'Immeubles* n° 1756.

(2) Cass. 6 février 1855. D. v° *Enregistrement*, n° 2401.

que de diligence de l'adjudicataire qui n'a pas procédé à
l'expulsion du saisi, cette circonstance ne peut faire obstacle à son obligation de payer les intérêts du prix.

Il en serait autrement si l'entrée en possession était
empêchée sans qu'il y ait une faute à reprocher à l'adjudicataire ; l'obligation de délivrance existe en effet à la
charge de tout vendeur : on en a vu déjà l'effet au cas de
déficit dans la contenance ou de détermination qui ont
diminué la valeur de l'immeuble. La retenue d'une partie
du prix est encore ici le plus sûr moyen d'indemniser
l'acheteur : il déduira de ce prix la valeur des fruits qu'il
n'a pu percevoir ; ou bien il suspendra le paiement des
intérêts jusqu'à son entrée en jouissance effective.

L'adjudicataire doit les intérêts depuis son entrée en
jouissance jusqu'au jour de paiement ou de la consignation. L'article 767 du Code de procédure civile, qui fait cesser l'obligation de payer les intérêts au jour de l'ordonnance de clôture de l'ordre, n'a trait qu'aux dettes du débiteur saisi. L'adjudicataire, jouissant à la fois de la chose
et de son prix jusqu'à la consignation ou au paiement, ne
peut conserver à la fois les fruits de l'une et les intérêts de
l'autre (1).

Deux observations termineront l'étude des obligations
qui naissent de l'adjudication sur saisie immobilière entre
l'adjudicataire, le saisi et ses créanciers.

(1) Cass. 16 mars 1814. D. V. *Vente Publique d'immeubles.* N° 1758.

Il n'y a pas lieu à garantie des vices cachés dans les ventes faites par autorité de justice (c'est-à-dire dans lesquelles le ministère de la justice est obligatoire : l'article 1684 est plus explicite ici, que l'article 1649).

C'est un vestige de l'ancienne idée que la justice, lorsqu'elle joue le rôle de vendeur, ne peut être assujetti à aucune garantie (les cas de prise à partie étant limitativement déterminés par la loi) ; on peut dire encore que les formalités accumulées par la loi dans ces sortes de vente en garantissent la perfection et la sincérité. C'est cette considération qui a donné naissance à l'article 1684 ; la rescision pour lésion n'est pas ici recevable contre l'adjudicataire, cette lésion fût-elle de plus des sept-douzièmes. Portalis disait en effet, dans l'exposé des motifs de cet article : « Quand la justice intervient entre les hommes, elle « écarte tout soupçon de surprise et de fraude ; elle leur « garantit la plus complète sécurité ». Il paraît plus conforme à la réalité des choses de donner à cet article une raison un peu différente : c'est que la rescision ne pourrait aboutir qu'à une nouvelle adjudication, qui, devant se faire exactement dans les mêmes formes que la précédente, n'offrirait pas plus de garanties.

DEUXIÈME PARTIE

ÉTAT DE LA PROPRIÉTÉ TRANSMISE A L'ADJUDICATAIRE

« L'adjudication ne transmet à l'adjudicataire d'autres
« droits à la propriété que ceux appartenant au saisi »
(art. 717, 1er alinéa). Cette formule renferme un double
sens. Elle signifie d'abord que le jugement d'adjudication
ne confère à l'adjudicataire un droit de propriété sur la
chose, qu'autant que le saisi en était lui-même propriétaire.
Les questions relatives à cette mutation de la propriété ont
été examinées déjà, parce qu'elle est l'effet le plus immédiat de l'adjudication et fait l'objet de l'obligation essentielle du vendeur. En second lieu, l'article 717 signifie :
le droit de propriété ne passe dans le patrimoine de l'adjudicataire qu'avec l'étendue qu'il avait dans celui du saisi ;
était-il démembré, soumis à des causes de résolution ou
de récision ? l'adjudicataire ne l'exercera pas dans sa plénitude ; il n'acquiert pas une propriété neuve, parce que

le propre des droits et des actions réels est de survivre à tous les modes dérivés d'aliénation des biens immobiliers.

Mais à ce principe il faut immédiatement apporter une exception importante; il n'est vrai que des droits réels principaux. Ceux dont la fonction est de garantir une créance, en affectant à son paiment la valeur de l'immeuble, sont destinés à disparaître en même temps que le transfert de propriété s'opère, parce que leur effet légal est alors accompli, toute la valeur du bien exproprié en ayant été dégagée par l'adjudication.

Les droits principaux au contraire, les véritables démembrements de la propriété, ne sont pas des droits temporaires destinés à s'éteindre tôt ou tard par l'effet d'une aliénation forcée ou par le remboursement de la créance garantie; ils ne constituent pas comme le privilège ou l'hypothèque un droit inerte dont le seul effet est d'entraver la pleine disposition de l'immeuble aux mains de son détenteur. « (Le propriétaire en effet, a dit un auteur, ne « peut faire aucun acte de disposition matérielle ou juri- « dique qui directement et de sa nature même aurait pour « conséquence de diminuer la valeur de cet immeuble) ». Ce sont des droits utiles qui procurent immédiatement à leur bénéficiaire l'exercice d'un des attributs de la propriété démembrée au profit de deux titulaires exerçant chacun un droit distinct et exclusif sur l'immeuble. Aussi ne sont-ils pas atteints par l'aliénation forcée, qui ne peut avoir

sur eux plus d'effets que n'en a l'aliénation volontaire :
tous ces droits ont donc un caractère commun : ils sont
opposables aux tiers qui acquièrent postérieurement un
droit sur la chose, par exemple à un adjudicataire, auquel
le jugement d'adjudication transmet le droit de propriété.

Deux sortes de droits réels principaux peuvent amoindrir
la propriété de l'adjudicataire. Il peut avoir à subir une
décomposition du droit de propriété qui ne lui en laisse
qu'un exercice partiel : ainsi l'hypothèque, la saisie et
l'adjudication (1) ont porté sur la copropriété de l'immeuble
(dans les cas du moins où l'article 2205 du Code civil en
permet la saisie) ; sur sa nue propriété ; sur la propriété
du sol ; sur le domaine direct que le bailleur conserve sur
sa chose, dans l'opinion la plus répandue, après avoir consenti sur le fonds un droit d'emphytéose. Dans tous les
cas le droit de l'adjudicataire est limité par un droit rival
de même nature. Aussi la saisie et l'adjudication de ce
dernier droit, considéré isolément, sont-elles également
permises, car il est, au même titre que le premier, une décomposition de la propriété. L'adjudication d'un droit
d'usufruit est donc possible, ainsi que le déclare du reste
l'article 2204 (quoique le droit de l'adjudicataire étant
subordonné à la durée de la vie de l'usufruitier, soit aléa-

(1) Les mêmes droits qui sont susceptibles d'hypothèque sont aussi
saisissables, par une conséquence évidente. A. 2118 et 2204 du
Code civil.

toire) ; de même, celle du domaine utile dont jouit l'emphytéote ; de même encore celle du droit au tréfonds qui appartient au concessionnaire d'une mine, et celle du droit à la superficie qui est accordé par certains baux au preneur sur les constructions qu'il fait élever au cours de son bail ; ces deux droits sont en effet distincts du simple droit au sol.

En second lieu, il est des droits réels d'ordre secondaire dont on ne peut dire qu'ils sont une face ou un aspect du droit de propriété ; ils ne peuvent faire l'objet ni d'une hypothèque, ni d'une saisie, ni d'une adjudication ; ainsi les servitudes, l'usage, l'habitation (et de plus les sûretés réelles, dont il a été déjà question : privilège, hypothèque, antichrèse). Mais l'adjudication d'un immeuble grevé de ces droits ne les atteint pas plus que les démembrements de la propriété ; les uns et les autres survivent à toute aliénation, parce que c'est là le caractère essentiel du droit réel (1). Les titulaires de ces droits n'ont pas à insérer au cahier des charges un dire qui en fasse connaître l'existence (2). S'ils n'ont pas soulevé, avant l'adjudication, un incident tendant à les faire reconnaître (demande en distraction ou à fin de charges), ils conservent après le jugement une action principale qui s'exerce selon

(1) Rapport de M. Persil à la Chambre des Pairs, loi du 3 juin 1841;
D. v°. *Vente publique d'immeubles*, page 577, n° 129.
(2) *Ibid.*

le droit commun. Une seule condition est imposée à leur
exercice; ils doivent avoir été rendus publics par une
transcription, conformément à l'art. 1er § I de la loi du
23 mars 1855 (pour les droits réels susceptibles d'hypothèque) et à l'article 2 § I pour les autres droits réels (1).
Suffit-il que les actes constitutifs de ces droits aient été
transcrits avant que l'adjudication l'ait été elle-même?
et la date de leur constitution était-elle indifférente?
Si l'on adopte la solution consacrée par plusieurs arrêts
en matière d'aliénation de la propriété, le saisi, restant
pleinement capable à l'encontre de tous autres que les
créanciers saisissants, peut consentir, même après l'adjudication, un droit d'usufruit, par exemple; a-t-il été transcrit avant la transcription du jugement? il sera opposable
à l'adjudicataire; solution d'autant plus rigoureuse qu'un
délai de trente à trente-cinq jours est nécessaire à ce dernier pour publier son titre. Il faut immédiatement ajouter
que, même dans ce système, l'adjudicataire arrivera à
faire tomber, mais d'une façon indirecte, l'acte consenti
par le saisi; il exercera contre les créanciers un recours
à raison de l'éviction dont il est frappé, et dans le but

(1) **V.** par exemple Limoges, 19 décembre 1895. D. 95. II, 505.
Un acte de donation avec réserve de l'usufruit et de l'habitation est
opposable aux créanciers et à l'adjudicataire s'il a été transcrit, tandis
que ce dernier pourrait méconnaître l'exercice de ces droits réservés
au donateur, si ce dernier s'était contenté de faire insérer au cahier
des charges un dire dans lequel il déclare leur existence.

d'obtenir la restitution totale ou partielle de son prix désormais sans cause entre leurs mains (1); ceux-ci préféreront sans doute, plutôt que de restituer le montant de leur collocation, exposer contre le saisi les frais d'une instance dont le succès n'est pas douteux et dont le résultat sera de constater l'inexistence de l'acte de disposition consenti par le saisi (article 686 du Code de procédure civile). Remarquons cependant que l'incapacité du saisi, suivant certains auteurs, n'est pas étendue à la constitution d'une servitude, parce que ce n'est pas un acte d'aliénation proprement dit. L'adjudicataire n'obtiendrait dans ce cas qu'une restitution partielle de son prix. De plus, la répétition du prix elle-même devient impossible lorsque les créanciers ont supprimé leur titre.

L'adjudicataire qui s'est porté enchérisseur sans connaître l'existence d'un droit réel antérieurement publié a-t-il un recours contre le saisissant et les créanciers, lorsque ce droit vient à lui être opposé? La question a été posée et résolue déjà à l'égard des servitudes; elle doit l'être ici de la même façon.

On pourrait soutenir que l'ignorance de l'adjudicataire n'est pas ici une erreur excusable qui vicie son consente-

---

(1) Le recours en garantie contre le saisi lui-même est d'ailleurs ouvert à l'adjudicataire.

ment, et qu'elle est une suite de sa négligence. Tous les
droits réels dont il vient d'être question sont soumis à une
transcription sur un registre public où l'adjudicataire
pouvait trouver la trace de leur existence. Un acquéreur
traite-t-il avec un propriétaire sans vérifier la validité et
l'étendue de son titre ? L'adjudicataire, instruit de l'éviction qui le menace, peut être considéré comme ayant
acquis à ses risques et périls, circonstance qui doit exclure
non seulement le paiement de dommages-intérêts par le
saisi, mais la restitution du prix elle-même, selon certains
auteurs. Il est facile de répondre en remarquant que le
registre des transcriptions ne fournit souvent à l'adjudicataire aucun renseignement utile. L'acquéreur, qui ne
traite avec son vendeur que contre la remise de ses titres,
peut vérifier quelle est l'étendue de sa propriété à l'égard
des tiers ; il demandera au conservateur des hypothèques
un état des transcriptions opérées au nom de chacun des
prédécesseurs de son vendeur. Il saura donc si la propriété qui lui est transmise a été jadis démembrée. Mais
ici l'adjudicataire ignore le nom des auteurs du saisi, et ce
dernier n'est pas disposé à faciliter en donnant sur eux
les renseignements nécessaires, l'établissement de la propriété. Le registre des transcriptions, du reste, ferait-il
connaitre la constitution d'une servitude non apparente
opérée par un testament, ou le legs de l'usufruit d'un
immeuble ? Ce sont là des actes occultes qui pourront

être un jour opposés à l'adjudicataire sans avoir été publiés. — Enfin, l'état des transcriptions peut être, il est vrai, demandé au moins au nom du saisi. Mais il serait peu rationnel d'imposer cette obligation à l'adjudicataire ; c'est au poursuivant qu'elle incombe naturellement. On dit souvent qu'il n'est pas tenu de rechercher l'origine de la propriété ; on ne saurait sans doute lui imposer la recherche des anciens propriétaires ; mais, puisqu'il lui est facile de connaître les actes par lesquels le saisi lui-même a modifié son droit sur l'immeuble, s'il n'avait pas consigné dans le cahier des charges les renseignements que lui fournit à cet égard le registre des transcriptions, il se rendrait certainement coupable d'une négligence personnelle qui l'engage envers l'adjudicataire évincé, par application de l'article 1383.

La clause du cahier des charges qui précise l'existence d'un droit réel grevant l'immeuble adjugé, libère, au contraire, le poursuivant de toute responsabilité et les créanciers de toute restitution du prix.

On a vu, cependant, qu'il est un cas où l'adjudicataire est privé de tout recours malgré l'absence d'une telle clause ; lorsque l'immeuble est grevé de servitudes apparentes, l'article 1638 fait obstacle à la réclamation de l'acquéreur ; il y a là, en effet, un vice dont il n'a pu ignorer l'existence et dont le vendeur ne peut être tenu par application de l'article 1642. « Le vendeur n'est pas tenu des

« vices apparents et dont l'acheteur a pu se convaincre
« lui-même. »

Il faut ajouter ici que, dans certains cas, l'adjudicataire
n'aura pas à respecter l'existence d'un droit réel valablement consenti par le saisi et transcrit avant le jugement
d'adjudication ; les créanciers hypothécaires ayant un
droit exclusif sur la valeur de l'immeuble peuvent méconnaitre toute constitution de droit réel postérieur à leur
inscription, parce qu'elle est de nature à déprécier leur
gage ; ainsi, une clause du cahier des charges déclarera
que l'adjudicataire entrera en jouissance malgré la constitution d'un usufruit par le saisi, ou malgré l'existence
d'un bail de plus de dix-huit ans, parce qu'un créancier
antérieur peut les méconnaitre. Mais le détail de ces questions rentre dans l'étude du cahier des charges et non dans
celle de l'adjudication. En l'absence d'une clause
expresse, l'adjudicataire serait d'ailleurs tenu de respecter
ces droits au même titre que le saisi dont il est l'ayant-
cause.

La faveur attachée aux charges réelles a été étendue
par la loi, sous de certaines conditions, à un droit personnel, le droit qui nait du contrat de bail ou de fermage
au profit du preneur, sur l'immeuble du bailleur.

L'adjudicataire ne succède pas comme un ayant-cause à

titre universel aux droits et aux obligations du saisi. Il est
son ayant-cause à titre particulier ; et même, dans les
questions relatives au bail, il devient à son égard un véritable tiers (au sens de l'art. 1328), par application de l'article 1743 ; c'est-à-dire que, comme tout acquéreur, il ne
se verra pas opposer le bail qui n'a pas acquis date certaine avant l'adjudication, par son enregistrement, sa
relation dans un acte authentique, ou la mort du
saisi.

La certitude de la date est-elle acquise ? L'adjudicataire doit respecter la jouissance du preneur et même
entretenir son bail, c'est-à-dire qu'il est, envers lui, tenu
de toutes les obligations naissant du contrat consenti par
son auteur, et, principalement, de l'obligation de conserver l'immeuble en état de servir à l'usage pour lequel
il a été loué, et d'en assurer au preneur la jouissance
paisible et continue. Un autre système, devant cette survivance du droit du bailleur à l'aliénation de l'immeuble,
a été proposé ; le bail serait un contrat constitutif de droit
réel. L'adjudicataire ne serait tenu, par conséquent, envers
le preneur, qu'à raison de sa détention de l'immeuble
loué ; son unique obligation serait de laisser le preneur
jouir de la chose dans l'état où la laissa cette jouissance ;
sa situation serait celle d'un nu propriétaire à l'égard d'un
usufruitier. Mais ce système qui n'est pas admis sans restrictions, par ceux même qui l'adoptent, n'est pas con-

sacré par la jurisprudence. (Ex., Lyon, 1er juillet 1881,
D. 82, II, 231) (1).

La nécessité de la certitude de la date du bail avant
l'aliénation a été édictée dans la crainte que le précédent
propriétaire ne prive l'acquéreur de la jouissance de la
chose en la donnant à bail, après la vente, et en datant ce
contrat par une antidate frauduleuse, d'une époque antérieure à cette vente. La relation du bail dans un acte
authentique, son enregistrement, la mort d'une des parties, démontreront que le contrat avait une existence antérieure à leur date.

L'annulation du bail sans date certaine avant l'adjudication sera donc obtenue par l'adjudicataire ; le tribunal
ne pourra se refuser à la prononcer ; c'est ce qu'on nomme
une nullité de droit. La preuve de la fraude concertée
entre le preneur et le saisi ne lui est pas imposée ; la
fraude du saisi seul n'a pas à être démontrée davantage ;
enfin, l'adjudicataire n'est même pas tenu de prouver que
le bail ainsi consenti lui cause un préjudice, parce que les
conditions en sont défavorables ; cette seule circonstance

(1) Il n'en reste pas moins vrai que si les règles *d'exécution* du bai_
sont régies par les principes des droits personnels, ses règles de
constitution sont celles d'un droit opposable aux tiers ; ainsi, le locataire n'est pas tenu, pour rendre son bail opposable à l'adjudicataire'
d'insérer au cahier des charges une clause qui en révèle l'existence,
et ce dernier, en voyant se révéler un bail inconnu de lui, n'a qu'un
recours contre le poursuivant. (Paris, 12 février 1878, D. 79, 1, 302.)

que le contrat n'avait pas date certaine avant l'adjudication
suffit à en faire prononcer l'annulation au profit de l'adjudicataire (1).

Cette garantie que l'adjudicataire puisse dans le droit
commun contre le saisi a paru insuffisante et l'article 684
du Code de procédure civile en édicte une seconde. Le
saisi, lorsque le commandement qui est le préliminaire de
la procédure d'expropriation, lui est notifié, peut être
tenté de nuire à ses créanciers en diminuant la valeur de
leur gage par la constitution d'un bail peu avantageux ou
de longue durée. Aussi l'article 684 accorde-t-il, tant à
l'adjudicataire qu'aux créanciers inscrits, le droit d'attaquer et de faire tomber les baux dont l'existence n'est pas
rendue certaine au jour du commandement par leur réia-
tion dans un acte authentique, l'enregistrement, ou le
décès d'une des parties. Seulement si la sincérité des baux
consentis par le saisi durant cette période douteuse devient suspecte, ce n'est là qu'une probabilité; les tribunaux, avec un pouvoir souverain d'appréciation, décideront de la validité de ces contrats. Ainsi tandis que les
baux qui n'ont pas acquis date certaine avant l'adjudication tomberont sur la simple demande de l'adjudicataire,
les juges ont la faculté de maintenir contre lui un bail

(1) 26 août 1852, Paris, D. 53, II, 221.

dont l'existence est démontrée par un des événements qu'énumère l'article 1328, lorsque cet événement se place lui-même avant l'adjudication mais après le commandement ; la nullité, ici, n'est pas de droit. La rédaction actuelle de l'article 684 date de la loi du 2 juin 1841 ; mais l'ancien article 691 était conçu dans des termes presque identiques. Le droit de l'adjudicataire est expressément reconnu dans le texte actuel. La Commission de la Chambre des pairs jugeant que l'article 1743 du Code civil le protégeait assez et que le nouveau texte n'ajoutait rien à cette protection avait voulu en réserver le bénéfice aux créanciers inscrits ; mais cette modification fut repoussée (1). L'adjudicataire jouit d'un droit propre, distinct de celui des créanciers ; cependant il ne peut l'exercer qu'après l'adjudication, tandis que ces derniers peuvent demander la nullité, soit avant, soit après cette date. (Cass. 10 décembre 1849.)

Les conditions d'exercice de l'action en nullité, qu'elle soit intentée par l'adjudicataire ou par les créanciers, sont évidemment les mêmes. Or la situation de ces derniers paraît tout d'abord n'être en rien modifiée par l'article 684. Le droit d'attaquer les actes passés en fraude de leurs droits par le débiteur, leur est déjà reconnu par l'article

____

(1) V. Persil, rapport à la Chambre des pairs. D. v. *Vente publique d'Immeubles*, p. 582, n° 180.

1167 du Code civil, qui ne fait à ce sujet ni distinction ni réserve ; en sorte que l'article 684 semble au premier abord revenir sur le droit accordé par l'article 1167, puisqu'il n'autorise l'annulation des baux que depuis le commandement, tandis que l'article 1167 est applicable à tous les actes consentis par le débiteur quelle que soit leur date. Il est évident au contraire que l'article 684 doit ajouter à l'action paulienne une garantie nouvelle contre les actes du saisi, menacé par les poursuites et disposé à nuire à ses créanciers.

On a dit que l'article 684 n'est qu'une application de l'article 1167, mais qu'il renverse la charge de la preuve ; l'annulation d'un acte frauduleux accompli par un débiteur est subordonnée à une double preuve qui incombe aux demandeurs, selon le droit commun : 1° l'acte en question a fait naitre ou augmente son insolvabilité ; 2° ce débiteur n'ignorait pas, au moment où il l'accomplissait, que cet acte était de nature à aggraver sa situation pécuniaire et à diminuer pour ses créanciers les chances de paiement, et (si l'acte est une convention à titre onéreux) celui avec lequel il a contracté ne l'ignorait pas davantage.

Ainsi, dans le cas où le bail frauduleux a une date certaine antérieure au commandement, la double preuve serait à la charge des créanciers ; dans le cas où la certitude de la date n'est pas établie, les rôles seraient renversés ;

ce serait au preneur à démontrer à l'encontre des créanciers ou de l'adjudicataire, que le bail que lui a consenti le saisi n'est pas entaché de fraude, et que, par conséquent, l'annulation n'en peut être demandée par application de l'article 1167.

Ce système aboutit à attacher aux baux consentis par le saisi postérieurement au commandement une présomption de fraude dont il faudrait démontrer la fausseté pour valider le bail attaqué. Or, aucun texte ne permet d'établir ici une semblable présomption, et un texte serait nécessaire pour apporter une dérogation au principe consacré dans l'article 1116 du Code civil : « le dol ne se présume « point et doit être prouvé. »

Un autre système est aujourd'hui adopté. La charge de la preuve n'est pas renversée ; elle incombe au demandeur, c'est-à-dire à l'adjudicataire ; mais c'est l'étendue de cette preuve qui peut être restreinte par le tribunal dont l'appréciation est souveraine. Tandis que le créancier qui agit en vertu de l'article 1167 doit établir à la fois le préjudice que lui cause l'acte de son débiteur et le concert frauduleux dont il a été le résultat, l'adjudicataire peut obtenir l'annulation d'un bail alors que le saisi était de mauvaise foi, et le preneur entièrement sincère ; il peut l'obtenir alors que les deux parties étaient de bonne foi, mais parce que les conditions du contrat étaient défavorables ; il peut l'obtenir enfin, alors même que ces clauses étaient en rapport avec la valeur de la chose louée, si, l'immeuble ayant depuis augmenté de valeur, le prix stipulé à l'origine ne représente plus au moment de l'adjudication l'équivalent des avantages accordés au bailleur. En un mot, le simple préjudice peut suffire, en cette hypothèse, à motiver l'annulation du bail attaqué (1).

De nombreux arrêts ont proclamé, dans cette circonstance, le pouvoir souverain d'appréciation laissé aux tribunaux. Plusieurs arrêts de la Cour de cassation emploient ici une formule extrêmement large : « Attendu que l'ar-« ticle 684... laisse aux tribunaux la faculté de prononcer « ou de ne pas prononcer la nullité de ces baux, selon « les circonstances que la loi abandonne à leur apprécia-« tion souveraine... » (2)

Il serait donc impossible de poser ici aucune règle, puisque les circonstances de la cause influent sur la décision du tribunal. Des arrêts peuvent annuler des baux à raison du préjudice qu'ils causent à l'adjudicataire (3) ou parce qu'ils constituent un acte de mauvaise administration, l'entière sincérité du preneur et du saisi n'étant pas

(1) V. *Trav. préparatoires,* deuxième rapport de M. Pascalis à a Chambre des députés, n° 189. D. v. *Vente publique d'immeubles,* p. 585, col. 2. V. cependant un arrêt repoussant ce principe. Bordeaux, 18 novembre 1848, D. 49, II, 155.

(2) Req. 22 mai 1878. D. 78. I. 484. 1er janvier 1892. D. 92. I. 584.

(3) Nîmes, 4 mars 1850. D. 52. II. 109.

suspectée (1). Il en est d'autres qui refusent l'annulation
d'un bail parce que le demandeur n'a pas démontré qu'il
avait été fait en fraude des créanciers ou qu'il constituait
un acte de mauvaise administration ; ce qui démontre
que grâce à son pouvoir souverain d'appréciation, le tribunal peut rétablir à l'encontre de l'adjudicataire la nécessité de prouver la fraude du saisi : (2) un autre arrêt
encore refuse l'annulation parce qu'il n'est pas démontré que
le bail est l'objet d'un concert frauduleux ; c'est-à-dire que
dans l'espèce l'annulation n'aurait été recevable que dans
les termes de l'article 1167 (3). Dans ces deux cas la nullité était demandée sous le prétexte que les baux n'avaient
pas acquis date certaine avant la transcription de la saisie.
Cette transcription n'exerce aucune influence sur la validité des baux et le bail qui n'acquiert date certaine que
postérieurement à cette date peut ne pas être annulé par
les tribunaux (4).

Cependant il est possible que le saisi, dans le but de
porter préjudice à ses créanciers, ait consenti à un preneur de bonne foi un bail préjudiciable à l'adjudicataire.

(1) Req. 9 décembre 1878. D. 79. 1. 510. — Cf. Req. 8 mai 1872.
D. 72. I. 373 (motifs).
(2) Req. 9 décembre 1878. D. 79. 1. 510.
(3) Req. 22 mai 1878. D. 78. 1. 484.
(4) Voir en sens contraire un arrêt de Toulouse 26 février 1852. D.
55. II. 44 qui ordonne l'annulation d'un bail pour le seul motif qu'il est
postérieur à la transcription de la saisie.

Les tribunaux n'hésiteront pas le plus souvent à en prononcer l'annulation ; mais il serait peu équitable de faire subir ici au preneur un traitement aussi rigoureux que s'il était de mauvaise foi. Les juges puiseront, dans leur pouvoir d'appréciation, un moyen d'atténuer pour le preneur de bonne foi la rigueur de l'article 684.

Il résulte des travaux préparatoires (1) que le preneur expulsé en vertu de cet article n'a droit à aucun répit ; il y là une annulation qui doit faire cesser le contrat et en effacer tout effet dans l'avenir. Mais la décision du tribunal peut faire fléchir ce principe dans l'intérêt du preneur de bonne foi. Si le contrat qu'il avait passé avec le saisi est anéanti, il est équitable de lui accorder les délais et les garanties que la loi réserve au locataire et au fermier en face d'un acquéreur volontaire. Ainsi le tribunal accordera au preneur les mêmes droits que donne l'article 1748 du Code civil au preneur expulsé par un acquéreur en vertu d'une clause du bail ; c'est-à-dire qu'il ne pourra se voir obliger à délaisser la possession qu'après avoir reçu un congé de l'adjudicataire ; et qu'il conservera, depuis le congé, la jouissance de l'immeuble durant les délais qui, suivant l'usage des lieux, doivent séparer l'avertissement donné au preneur, de son expulsion.

____

(1) V. Rapport de M. Persil à la Chambre des pairs. D. v· *Vente publique d'Immeubles*, p. 582 n· 180.

— S'il s'agit d'un immeuble rural, le délai est ici fixé par la loi et sa durée est d'un an (Même article).

Quant à la durée du bail, doit-on décider que l'adjudicataire n'a pas à tenir compte des conventions intervenues à ce sujet entre le preneur et le saisi, et qu'il pourra donner congé dès son entrée en jouissance ? Il semble que les tribunaux, tout en annulant le bail, peuvent, à raison de la bonne foi du preneur, lui accorder au moins la plus courte durée d'un bail verbal; on ne comprendrait pas qu'il fût moins favorablement traité, puisque son bail consiste en un acte écrit, et d'ailleurs cette circonstance que le preneur est entré en jouissance avant le jour du commandement, est un indice de la sincérité du bail que le tribunal peut prendre en considération. — La durée du bail sera celle d'un bail verbal, ou plus exactement sans écrit, c'est-à-dire dont la durée n'a pas été fixée par les parties. Un bail de ce genre, lorsqu'il s'agit d'un bail à loyer, prend fin par un congé (article 1736) ; l'adjudicataire pourra donc, en donnant immédiatement congé au preneur, l'expulser à l'expiration du délai qui a été indiqué plus haut. Lorsqu'il s'agit d'un bail à ferme, au contraire, la loi présume que dans l'intention des parties il ne devait prendre fin qu'au jour où le preneur aurait recueilli tous les fruits de l'héritage affermé. L'adjudicataire sera donc tenu d'entretenir le bail pendant plusieurs années, s'il s'agit de terres labourables divisées en plusieurs soles ou saisons (article 1774) (1).

Les mêmes règles doivent-elles être appliquées aux baux dont la date n'est pas devenue certaine avant l'adjudication ? L'article 1743 décide que l'acquéreur ne peut expulser le preneur dont le bail est authentique ou a date certaine. N'en résulte-t-il pas qu'à défaut de cette condition le preneur peut être immédiatement expulsé par l'adjudicataire sans que le tribunal puisse, dans cette hypothèse, lui accorder un délai quelconque ? Un argument déjà invoqué permet d'écarter cette solution : la situation du preneur serait moins favorable dans ce système, que celle d'un locataire ou d'un fermier dont le bail a pour fondement une simple convention verbale qui ne fixe même pas la durée du contrat. Il est admis que l'article 1748 qui impose à l'acquéreur la nécessité de faire précéder d'un congé d'expulsion du preneur, qu'il exerce en vertu d'une clause du bail, doit être étendu au cas où l'expulsion a pour cause le défaut de certitude du bail antérieurement à la vente consentie par le bailleur.

(1) Pascalis, 2e rapport à la Chambre des députés, D. v· *Vente publ. d'Imm.* p. 585, n· 189. Le projet de l'article 684 déclarait que les baux dont l'exécution aurait commencé avant le commandement auraient leur effet conformément aux articles 1736 et 1774. Mais ils étaient nuls de plein droit. On estima que cette réserve devenait inutile, puisque leur nullité devenait facultative ; les tribunaux en feraient ou non l'application selon les cas.

Lorsque le bail est opposable à l'adjudicataire à raison
de la certitude de sa date, ou parce que le tribunal n'a pas
cru devoir en prononcer l'annulation, il est évident que
cet adjudicataire peut en invoquer les clauses. Si le bailleur s'est réservé le droit d'expulser du preneur, l'acquéreur ou l'adjudicataire jouit de la même faveur, alors même
que son titre d'acquisition (ici le cahier des charges) ne la
lui réserve pas. Mais si l'adjudicataire invoque le bénéfice
de cette clause, il est tenu d'indemniser le fermier ou le
locataire de la façon qu'indiquent les articles 1745 et suivants du Code civil.

. A l'inverse, une clause du cahier des charges peut obliger le futur adjudicataire à entretenir un bail en cours.
Les conventions légalement formées tenant lieu de loi entre les parties (article 1134), l'adjudicataire ne pourra pas, en
présence de cette clause invoquer l'application de l'article
684 ni même celle de l'article 1743. Ainsi, le bail en question lui porte-t-il un préjudice considérable ? l'annulation
n'en pourra être obtenue (1). Il ne pourrait pas davantage
se prévaloir d'une nullité de ce bail, parce qu'il l'a accepté,
en se portant enchérisseur (2).

Cependant l'effet d'une pareille clause doit être précisé.

L'adjudicataire succède aux obligations que le saisi a

(1) Montpellier 26 janvier 1853. D. 53. II. 224.
(2) Rouen, 21 mai 1844, D. v°. *Louage*, n° 96. — Amiens, 20 août
1825. D. v°. *Vente publique d'Immeubles*, n° 1777.

contractées envers le fermier ou le locataire de l'immeuble
adjugé. Une double restriction est apportée à ce principe
par les textes ; en vertu de l'article 1743, il ne se verra pas
opposer le bail sans date certaine avant l'adjudication ; en
vertu de l'article 684, il pourra obtenir l'annulation de
celui qui n'a pas acquis avant le commandement la certitude de sa date ; mais le droit commun reprend son empire dès que la date est antérieure : à l'égard du preneur,
l'adjudicataire n'a que les droits du saisi dont il est l'ayant-
cause ; ce dernier ne saurait attaquer à raison de la fraude
du locataire, ou de la lésion qu'il a subie, un contrat qui
est son œuvre ; l'adjudicataire ne le peut pas davantage.
Il n'obtiendra donc jamais la nullité du bail consenti par
son auteur, alors même qu'il prouverait la fraude du preneur ; et sa demande serait repoussée de même, s'il démon-
trait le concert frauduleux des deux parties et le préjudice
que lui cause l'acte qui en a été le résultat, en un mot
l'action paulienne ne peut être par lui invoquée (1). Ainsi
les créanciers sont des ayants-cause à titre universel de
leur débiteur et subissent toutes les variations de valeur
qui modifient l'étendue de son patrimoine et diminuent

(1) V. D. v. *Vente Publique d'Immeubles*, n° 1781. Rennes, 7 décembre 1818. — Gand, 17 janvier 1883. D. 84. II 92. — Alger, 19
janvier 1895. D. 94. II. 455 ; dans l'espèce, il est vrai, l'existence du
bail a été reconnue par les créanciers et constatée par un dire inséré
au cahier ; mais la Cour n'en décide pas moins en principe que l'adjudicataire ne saurait invoquer l'article 1167.

leurs chances de paiement. Cependant ils peuvent attaquer, à quelque époque qu'il soit intervenu, un acte passé en fraude de leurs droits, en vertu de l'article 1167. L'adjudicataire, au contraire, en dehors des articles 1743 et 684, est lié par les baux consentis par le saisi, quoiqu'il n'en soit qu'un ayant-cause à titre particulier. Les créanciers, en effet, deviennent des tiers à l'égard de tous les actes par lesquels le saisi a fait naître ou augmenté en pleine connaissance de cause, et avec la complicité de l'autre partie, son insolvabilité ; il n'a pu les représenter en accomplissant un acte contraire à leurs intérêts et en trompant la confiance qu'ils lui ont accordée en lui faisant crédit. L'adjudicataire, au contraire, ne peut jamais invoquer la qualité de tiers en dehors des deux textes déjà cités.

Il a été jugé ainsi que l'adjudicataire ne peut obtenir l'annulation, en vertu de l'article 1167, d'un bail qui a été reconnu frauduleux à l'égard des créanciers, en tant qu'il porte sur d'autres immeubles que celui dont le saisi est exproprié (1).

Si une clause est inutile pour priver l'adjudicataire du droit d'annuler les baux frauduleux mais dont la date est certaine, il pourrait, au contraire, quand même une clause formelle lui en ferait défense, attaquer un bail consenti par le saisi avant

Arrêt d'Alger, cité plus haut.

les poursuites et dont la date est certaine avant le commandement, s'il prouve que cet acte est simulé. Ici l'on ne se
trouve plus en présence d'un acte sérieux et qui confère à
un preneur une jouissance effective. L'existence du bail
n'est qu'apparente ; le plus souvent, il a été stipulé, par
le saisi, dans le but unique de soustraire l'immeuble au
droit de jouissance du nouveau propriétaire ; le débiteur
agissant au nom du preneur fictif, continue à jouir de l'immeuble et à en recueillir les fruits, les effets de l'expropriation sont ainsi retardés pendant tout le délai du bail.

Une telle convention n'est pas annulable ; elle est inexistante et ne peut produire aucun effet, parce que l'obligation
qui naît à la charge du saisi et dont il transmet la charge
à l'adjudicataire n'a pas de cause (article 1131). Tout intéressé peut en demander ou plutôt en faire reconnaître la
nullité radicale. Les créanciers du saisi, alors même qu'ils
n'ont traité avec lui que postérieurement à cet acte (circonstance qui les priverait du droit d'exercer l'action paulienne) ont ce droit ; le contractant lui-même peut l'exercer ; son ayant-cause, l'adjudicataire, le peut donc aussi.
Il n'aura pas à démontrer la fraude de l'exproprié ; l'absence de cause est la seule preuve qui lui incombe (1). La

____

(1) Paris, 26 juin 1810. D. v°. *Vente Publique d'Immeubles,* n° 1779.
— *Contra* Rennes, 7 décembre 1818, qui confond l'action paulienne et
la simulation. D. *cod.* v°. n° 1786. — V. encore Montpellier, 26 janvier 1855. D. 55 II. 224.

circonstance qu'une clause du cahier des charges relate
l'existence du bail n'est dans ce cas d'aucune importance
et ne peut priver l'adjudicataire d'un droit qui appartient
à tout intéressé (1). La question de validité du bail reste
entière.

Cependant, les conditions de preuve ne sont pas entièrement identiques et diffèrent selon que la convention en-
tachée de simulation est attaquée par un tiers, ou par le
bailleur lui-même ou son ayant-cause. Dans le premier
cas, la preuve par témoins ou par présomption est admise :
au contraire, lorsque la demande est formée par un acquéreur ou un adjudicataire de l'immeuble loué, un commen-
cement de preuve par écrit devient nécessaire au succès
de l'action (2).

La validité des clauses accessoires d'un bail est soumise
aux mêmes règles que le bail lui-même. L'annulation
peut en être obtenue si leur date n'est devenue certaine
qu'après le commandement. La transcription de la saisie
n'a ici encore aucun effet, puisqu'il ne s'agit pas d'une
aliénation (3). Il a été même jugé qu'une simple clause
verbale prorogeant l'exécution d'un bail dont l'exécution
est imposée à l'adjudicataire par le cahier des charges,

(1) Ch. civil, 25 février 1895. D. 95. I. 369.
(2) Aix, 25 janvier 1871. D. 71. II. 52.
(3) Req., 26 novembre 1878. D. 79, I. 502.

peut être elle-même opposée à cet adjudicataire quoiqu'elle n'ait pas été insérée au cahier des charges et soit restée inconnue de lui, si la sincérité n'en est d'ailleurs pas douteuse et s'il est établi qu'elle était antérieure aux poursuites. L'adjudicataire se pourvoira d'ailleurs contre le poursuivant s'il est en faute ou contre le saisi, à raison du préjudice que lui fait subir l'omission de la clause dans le cahier des charges ; mais il ne saurait s'opposer à la jouissance du preneur, que les réticences du saisi ne peuvent priver de ses droits (1).

Il n'a été question dans tout ce qui précède que d'un bail dont la durée n'est pas supérieure à dix ans. Depuis la loi du 23 mars 1855, les baux d'une durée plus longue, qui portent à la propriété une atteinte presque aussi profonde que le ferait un droit réel, ont été soumis à la transcription ; c'est-à-dire que dans les rapports de l'acquéreur ou de l'adjudicataire, et du preneur, ils se conservent comme des droits réels. Pour être opposables à l'adjudicataire, ils doivent avoir été transcrits avant la transcription du jugement d'adjudication. Le bail n'a-t-il pas été transcrit, mais a-t-il date certaine avant l'adjudication ? il est opposable à l'adjudicataire pour dix-huit ans au

(1) Cf. Paris, 20 janvier 1842. D. v° *Vente publique d'immeubles*, n° 1778.

plus (art. 3, L. 23 mars 1855). Mais quel est le point de
départ de ce délai ? La controverse est vive à ce sujet ; la
question est commune, d'ailleurs, à tous les acquéreurs
d'immeuble. Deux systèmes principaux ont été proposés ;
selon certains auteurs, le bail doit être entretenu pendant
dix-huit ans à compter de l'acte d'aliénation, parce que
c'est à ce jour que commence le conflit entre l'acquéreur
et le locataire, selon d'autres, le locataire a seulement le
droit d'achever la période de dix-huit ans en cours au
moment de l'adjudication. (Analogie avec l'article 1429
sur les baux opposables à la femme sur ses immeubles à
la dissolution du mariage.)

Il faut ajouter que le bail de plus de dix-huit années,
étant soumis aux conditions de publicité des droits réels, ne
peut nuire aux créanciers hypothécaires et privilégiés dont
l'inscription est antérieure à sa transcription, et diminuer
à leur détriment la valeur d'un immeuble sur lequel ils
ont des droits acquis. Seulement une clause est nécessaire
pour dispenser l'adjudicataire de respecter ces baux, pour
toute leur durée. De même, les baux transcrits entre le
commandement et l'adjudication ne sont pas opposables
aux créanciers hypothécaires (et par conséquent à l'adjudicataire) pour toute leur durée. — Quant à cette durée,
les deux systèmes opposés trouvent ici leur application :
seulement, dans le premier, les dix-huit années partent
du commandement et non de l'adjudication.

ACTIONS QUI TENDENT A LA REPRISE DU DROIT DE PROPRIÉTÉ

L'adjudicataire n'est pas seulement tenu de respecter les charges réelles qui grèvent l'immeuble au jour de l'adjudication, du chef du saisi ou des précédents propriétaires. Son droit peut être effacé par l'exercice d'une action rescisoire, révocatoire ou résolutoire dont l'effet sera de faire rentrer l'immeuble aux mains d'un précédent propriétaire, en anéantissant l'acte par lequel il s'est dépouillé de sa chose ; car l'adjudicataire n'a que les droits du saisi. D'ailleurs, dans un grand nombre de cas, l'exercice de ces actions est subordonné à l'accomplissement d'une condition qui peut n'être pas réalisée au jour de l'adjudication, quoiqu'elle puisse l'être plus tard ; comment déclarer éteinte une action qui n'a pu être mise en œuvre parce qu'elle n'a pas pris naissance ? Cette raison, d'ailleurs, ne justifie pas à elle seule la survivance des actions réelles au jugement d'adjudication ; car il est certain que celles dont l'exercice est déjà ouvert au moment de l'adjudication ne sont pas effacées, toutes les fois que leur titulaire n'aura pas été mis en demeure de les exercer.

Parmi les actions qui ont pour effet d'anéantir le titre d'un ayant-cause au profit de son auteur, une distinction

doit être faite, d'ailleurs. Le plus grand nombre d'entre
elles peut être exercé contre les tiers acquéreurs ; elles ont
un effet *in rem* ; comme aux droits et aux sûretés réels,
un droit de suite leur est attaché. L'adjudicataire se verra
donc évincé par l'exercice de ces actions et la prescription extinctive le mettra seule à l'abri.

Quelques-unes cependant, mais ce sont des exceptions
qu'un texte formel seul peut établir, n'auront pas d'effet
contre l'adjudicataire. Il n'aura rien à redouter d'un
cohéritier du saisi, qui réclame à ce dernier le rapport à
la succession qu'ils recueillent d'un immeuble que lui a
légué ou donné le défunt sans clause de préciput. En
effet, le rapport n'est pas dû en nature, lorsque le cohéritier a consenti une aliénation de l'immeuble sujet à
rapport (article 859 du Code civil). De même le retour
légal des biens donnés par l'adoptant à l'adopté, dans le
cas où celui-ci vient à décéder au cours de la saisie pratiquée sur ces biens, ne peut s'effectuer au préjudice du
droit des tiers (art. 351).

Dans une autre hypothèse. l'éviction de l'adjudicataire
est possible et dépend du hasard; la réduction d'une donation ou d'un legs n'aura pas d'effet contre lui, tant que
n'a pas été opérée la discussion des biens du donataire et
de tous ceux aux mains desquels l'immeuble a successivement passé avant d'être adjugé (art. 930.

Le maintien de l'adjudication dépend de la volonté de

l'adjudicataire, lorsqu'il est actionné par un précédent propriétaire en rescision de la vente consentie par ce dernier, à raison d'une lésion de plus des sept douzièmes qu'il a éprouvée dans ce contrat. L'adjudicataire exercera le droit qu'avait l'acheteur, de garder l'immeuble en payant le supplément du juste prix sous déduction d'un dixième du prix total (art. 1681).

De même, il écartera l'action en rescision exercée par un copartageant en lui payant le complément de la part qui lui est due (art. 877). — Dans ces deux cas, il exercera son recours contre le saisi, qui est tenu envers lui de l'obligation de garantie. L'action en rescision est personnelle, et c'est contre l'acheteur qu'elle est dirigée par le vendeur lésé; mais n'en a pas moins pour effet d'anéantir rétroactivement son droit de propriété et celui de ses successeurs.

Toutes les autres actions en révocation, en résolution ou en nullité pourront être exercées au préjudice de l'adjudicataire et malgré le jugement d'adjudication. Cependant quelques restrictions doivent être encore signalées.

L'action résolutoire du vendeur qui n'a pas reçu le paiement de son prix est éteinte par l'adjudication; cette extinction donne lieu à des règles spéciales et fera l'objet d'une étude séparée.

Les actions en nullité peuvent avoir pour fondement,

soit un vice du consentement, soit le défaut de capacité chez l'une des parties. La nullité fondée sur
l'erreur, la violence ou le dol, peut réfléchir contre l'adjudicataire. Le dol en particulier, ne donne pas lieu à de
simples dommages-intérêts contre l'acquéreur, toutes les
fois que ses manœuvres frauduleuses ont poussé le vendeur à contracter avec lui ; ce vendeur a le droit d'exercer
contre lui une action en nullité, personnelle sans doute,
mais dont l'effet sera de résoudre le titre de l'adjudicataire.

Quant à la nullité fondée sur le défaut de capacité d'un
interdit, d'une femme mariée ou d'un mineur (la loi dans
ce dernier cas emploie le terme de lésion), ou sur la vio-
lation des formes prescrites pour l'aliénation (exemple :
autorisation du conseil de famille et homologation du
tribunal, pour la vente de l'immeuble d'un mineur), que
doit-on décider ? On verra plus loin que la jurisprudence
n'admet pas la nullité fondée sur l'insaisissabilité d'un
bien appartenant à un incapable (exemple : l'immeuble
dotal) ; mais on ne saurait étendre cette solution à la nullité fondée sur le défaut de capacité.

Enfin l'action de l'article 1167 ne saurait être intentée
contre l'adjudicataire, si l'on admet qu'elle n'atteint pas le
sous-acquéreur de bonne foi malgré la mauvaise foi de son
auteur ; car il n'est pas de mauvaise foi, puisque l'aliénation est entourée de formalités destinées à en écarter la
surprise ou la fraude.

Un double danger menace l'adjudicataire ; il peut être dépossédé par une action dont l'exercice ne prendra naissance qu'après l'adjudication, mais, de plus, il peut être évincé par l'effet d'une action déjà née, déjà intentée, et qui a eu pour résultat l'anéantissement du titre du défendeur et la reprise par le demandeur de son droit de propriété.

En effet l'anéantissement de la mutation de propriété est due à une cause inhérente au titre ; l'acte postérieur, convention ou jugement, qui en opère la rescision ou la résolution, n'est que déclaratif d'un droit préexistant ; il constate que l'aliénateur ou le donateur n'a jamais cessé d'être propriétaire, Or les actes translatifs de droits sont seuls assujettis à la nécessité d'une transcription ; on ne trouvera donc sur les registres publics, aucun indice permettant d'établir que la propriété a changé de titulaire ou plutôt on pourra n'en trouver aucun. Les jugements qui prononcent la résolution, la rescision ou la nullité d'un acte antérieur doivent être mentionnés en marge de la transcription de cet acte. Mais cette publicité est doublement défectueuse ; ces jugements, s'ils ne sont pas transcrits, n'en seront pas moins opposables à l'adjudicataire ; de plus, aucune transcription ne révèle les actes amiables qui anéantissent une mutation antérieure. — Le législateur de 1855 a pensé sans doute que l'acte originaire, qui a dû être transcrit, révèle suffisamment par la lecture

qui en est faite, la cause de résolution ou de rescision qui
menace son existence. La cause de résolution d'une donation, en effet, est indiquée dans l'acte de donation ; mais
rien ne révèle la présence, dans un acte, d'un vice du
consentement ; il est difficile de déduire de la lecture du
titre l'incapacité de l'aliénateur ; enfin, et c'est là une lacune grave, il est possible que, dans le cas d'un acte soumis à une cause de résolution, la résolution se soit opérée
sans que rien la révèle aux tiers.

Les défauts du système de publicité des actions ont les
mêmes inconvénients sans doute, qu'il s'agisse d'un acquéreur ou d'un adjudicataire. Cependant la situation de
ce dernier est encore plus défavorable, parce que l'ignorance où il est des précédents vendeurs limite le champ de
ses recherches et accroit pour lui les chances d'éviction.

Une action résolutoire cependant est soumise par la loi
à une publicité effective. La révocation d'une donation
pour ingratitude du donataire ne peut avoir d'effet à l'encontre des ayants-cause du donataire si les droits qu'il
leur a consentis ont été rendus publics avant que la demande formée par le donateur le soit elle-même par la
mention, en marge de l'acte de donation transcrit, d'un
extrait révélant que l'action est intentée. Ainsi le donateur
ne pourrait plus exercer, après la transcription du jugement d'adjudication, l'action en révocation pour ingratitude dont il n'a pas été encore fait mention en marge de

l'acte transcrit. Publicité d'ailleurs imparfaite, car si la mention n'a pas été opérée, le jugement qui sera rendu au profit du donateur n'en aura pas moins son effet contre l'adjudicataire, dès le jour de sa date.

Les actions résolutoires qui n'ont pas encore été signalées sont : l'action en réduction ou en rapport des dons et legs; le droit de retour du donateur (art. 952); la révocation d'une donation pour survenance d'enfant; enfin la révocation pour inexécution de la charge imposée au donataire (1). Cette dernière action mérite une mention spéciale à raison des décisions nombreuses dont elle a été l'objet.

L'action en révocation pour inexécution des charges est comme l'action du vendeur impayé, une garantie réelle attachée à une créance ; mais tandis que les sûretés réelles aboutissent au paiement d'une somme d'argent, les actions ont pour résultat un paiement en nature, la reprise du droit de propriété. Elles participent donc à la fois des sûretés réelles et de l'action en revendication.

Malgré leurs analogies, l'action du vendeur est éteinte par le jugement d'adjudication, tandis que l'action du

(1) Il faut y ajouter les conditions résolutoires insérées dans une vente par la convention des parties; exemple : une vente à reméré.

donateur lui survit, en principe. La raison de cette différence est évidente; de deux choses l'une : ou le délai accordé au donataire n'est pas encore expiré au jour de l'adjudication, et l'action du donataire n'étant pas née, elle ne peut être éteinte avant d'avoir été exercée; ou ce délai est expiré, et le donateur peut être mis en demeure d'agir en révocation, s'il préfère reprendre son immeuble, plutôt que d'avoir l'adjudicataire pour débiteur, aux lieu et place du saisi; il notifiera alors son action au greffe et il sera sursis à l'adjudication jusqu'à ce que le tribunal ait statué sur sa validité (1).

Au contraire, la déconfiture du débiteur rend immédiatement exigible l'action du vendeur; le saisi est privé du bénéfice du terme; et l'action doit être immédiatement exercée si le vendeur opte pour la résolution.

Cependant, comme la déchéance du vendeur est une exception au droit commun, le donateur qui n'a pu être sommé d'exercer la révocation doit en conserver l'exercice, tandis que dans ce cas le vendeur n'en aurait plus le droit.

De nombreux arrêts reconnaissent au donateur le droit

---

(1) Paris, 7 août 1885. D. 86. II, 188. — De même le donateur qui a été compris dans les poursuites comme codébiteur solidaire du saisi ne peut exercer l'action révocatoire que jusqu'à l'adjudication. (Mais il le peut dans les trois jours qui précèdent, et l'art. 728 est ici inapplicable.) Agen, 2 janvier 1852. D. 52. II. 205.

d'exercer son action après l'adjudication ou sa transcription (1). Il a même été admis que le donateur qui produit
infructueusement à l'ordre pour obtenir l'exécution de la
charge imposée au donataire ne doit pas être considéré
comme ayant renoncé au droit de révocation, dans le cas
où il ne serait pas colloqué (2). La loi lui accorde deux
moyens d'exécution distincts; il est à la fois créancier
d'une obligation et propriétaire sous condition suspensive
(si le donataire n'exécute pas la condition imposée) ; s'il
exerce sans résultat l'une de ses deux actions, l'autre lui
reste ouverte. La jurisprudence reconnaissait, du reste,
avant la loi du 3 juin 1841, les mêmes droits au vendeur
impayé : n'avait-il pas obtenu dans l'ordre auquel il produisait en vertu de son privilège, une collocation suffisante ? il pouvait exercer la résolution de son contrat
(au moins s'il en avait fait la réserve dans le cahier des
charges) (3). Il a été admis d'ailleurs, en principe, que le
créancier investi par son titre d'une action hypothécaire
et d'une action résolutoire n'est pas censé renoncer à la
seconde s'il exerce la première (4); il semble que ce principe doive s'appliquer a *fortiori* au donateur qui, dans

(1) Bordeaux, 26 juin 1852. D. 53. II. 212. — Caen, 19 février 1856.
D. 57. II. 44.
(2) Arrêt de Bordeaux ci-dessus.
(3) V. dans ce sens les arrêtés rapportés. D. vᵉ *Vente*, nᵒ 1541 et s.
(4) Cass., 12 décembre 1855. D. 56. I. 256.

l'opinion commune, n'a qu'une créance chirographaire, non privilégiée.

Une récente décision a fait un pas de plus. Un donateur à charge de rente viagère poursuit lui-même la saisie et l'adjudication du bien qu'il a donné ; la collocation qu'il obtient lui paraît insuffisante à produire des revenus égaux à ses arrérages ; il demande alors la révocation de la donation ; ce droit lui est reconnu par un arrêt de la Cour de Bordeaux (1).

Une décision contraire de la Cour de Grenoble a été rendue dans un cas voisin. Ce n'est pas ici le donateur, mais son créancier, qui poursuit par application de l'art. 1166 l'exécution de la charge (dans l'espèce l'obligation pour le donataire de payer les dettes du donateur), il saisit l'immeuble, puis, une fois l'ordre ouvert, il prétend agir, au nom de son débiteur, en révocation. La Cour décide que ce créancier, en poursuivant l'expropriation et la mise aux enchères, a pris une part active à la transmission de propriété qui s'est opérée au profit du dernier enchérisseur, et qu'il est présumé renoncer à toute action dont l'effet serait de résoudre ce droit (2).

Ces deux décisions ne sont contradictoires qu'en appa-

(1) Bordeaux, 1er février 1888. D. 90. II, 85.
(2) Grenoble, 28 juillet 1862. D. 62. II, 204.

rence. L'arrêt de Grenoble reconnait implicitement que le donateur ou son créancier aurait pu exercer la révocation, s'il s'en était réservé le droit par une clause expresse du cahier des charges, or l'arrêt de Bordeaux statue dans un cas où la charge de la rente viagère imposée au donataire avait été spécifiée dans une clause de l'adjudication.

Mais les motifs de ces deux arrêts n'en impliquent pas moins deux conceptions opposées. L'arrêt de Bordeaux n'attache à la réserve écrite dans le cahier des charges qu'une importance secondaire ; il considère que, sans doute, il est naturel que le donateur cherche tout d'abord à obtenir l'exécution de la condition qu'il a imposée ; peu importe qu'il poursuive lui-même l'expropriation ou qu'il produise simplement à l'ordre ; son intention n'est pas douteuse ; il cherche à obtenir satisfaction. Mais s'il s'aperçoit que sa tentative n'aboutira pas, il revient alors sur son intention libérale et résout la donation. On ne peut voir une renonciation tacite à l'exercice de cette action, dans l'emploi préalable d'une autre voie de droit ; les renonciations ne se présument pas, et surtout les renonciations gratuites en faveur d'un adjudicataire et d'un étranger.

La distinction de ces deux voies de droit ouvertes au donateur aboutit à une autre conséquence. Ce n'est pas comme propriétaire sous condition suspensive de l'immeuble que le donateur l'a fait vendre en justice, c'est en sa qualité de créancier du donateur, poursuivant l'exé-

cution de ses engagements. L'adjudicataire ne saurait
donc lui opposer qu'il est garant de la vente de l'immeuble
et que celui qui doit garantir ne peut évincer. Car le donateur ne mettra en œuvre son droit de propriété qu'au
moment où il exercera l'action révocatoire. Le véritable
garant est ici le saisi, c'est-à-dire le donataire.

Toutefois il est évident que l'adjudicataire pourra
recourir contre le donateur, pris en qualité de saisissant,
s'il n'a pas inséré dans le cahier des charges une clause
révélant la condition imposée au donataire et son défaut
d'exécution. Cette réticence sur un danger d'éviction que
le donateur connaissait, puisqu'il dérivait de son fait personnel, le rend passible de dommages-intérêts en dehors
de la restitution du prix (article 1383).

Le système adopté dans les motifs de l'arrêt de Bordeaux
ne saurait être admis ; on ne peut en effet assimiler à la
simple production dans un ordre ouvert, l'ouverture d'une
poursuite d'expropriation. Dans le premier cas, le donateur
ou son créancier, profite d'une occasion qui lui est offerte,
d'obtenir satisfaction ; dans le second, il prend l'initiative
d'une procédure qui doit dépouiller irrévocablement le
donataire de l'immeuble donné et la transmettre à un
tiers. Or la révocation de la donation, survenue après les
poursuites, manifeste une volonté toute contraire. Après
avoir attiré par des mesures de publicité les futurs enché-

risseurs, le donateur pourrait-il révoquer *ad nutum* le droit d'un tiers qu'il a lui-même engagé à contracter? La renonciation, dit-on, ne se présume pas. Cependant lorsqu'un créancier a reçu de la loi deux actions, l'une aboutissant à l'exécution, l'autre à la révocation du contrat, il doit être présumé, lorsqu'il opte pour l'exercice de l'une, avoir irrévocablement abandonné la seconde. C'est ainsi qu'il a été jugé, avant la loi du 3 juin 1841, que le vendeur impayé, s'il conserve son droit de résolution, même lorsqu'il produit à l'ordre ouvert sur le prix d'adjudication, est dépouillé de son action lorsque c'est lui-même qui a poursuivi l'expropriation de son acheteur (1). Toutefois il a été jugé, que les poursuites pratiquées par un créancier du vendeur laissaient intact le droit de résolution de ce dernier s'il n'avait pas été légalement instruit, par une signification, de la saisie et de l'aliénation forcée (2). L'analogie conduirait donc à décider ici que l'action résolutoire du donateur ne s'éteint que par un fait personnel émané de sa propre volonté et impliquant sa renonciation à l'exercice de cette action. La poursuite pratiquée par un créancier (c'est l'hypothèse sur laquelle statue l'arrêt

(1) Toulouse, 24 août 1844. D. 45, IV. 521.

(2) Req., 30 Juin 1854. D. v° *vente*, n° 1547. — V. aussi les arguments de cet arrêt établissant que la renonciation ne peut pas s'induire de la production, à l'ordre, du titulaire de l'action résolutoire.

de Grenoble) laisserait intact le droit de révocation du donateur, au moins lorsqu'il en a ignoré l'existence.

Ainsi la survivance de l'action résolutoire est admise par la jurisprudence, lorsqu'il s'agit d'une charge imposée au donataire, d'une condition dont l'accomplissement sera tôt ou tard exigible. Il en doit être de même, à plus forte raison, toutes les fois que la condition résolutoire du contrat ou de l'acte unilatéral peut ne pas se réaliser ; ainsi, dans le cas d'une révocation de la donation pour survenance d'enfant ou pour ingratitude. — Il y a du reste, dans ces deux cas, une circonstance qui ne se rencontre pas au cas d'inexécution d'une donation avec charges ; l'action révocatoire, ici, n'est plus la sanction d'une créance du donateur contre le donataire, ou d'une charge qui puisse être estimée en argent.

TROISIÈME PARTIE

DE LA PURGE
OPÉRÉE PAR LE JUGEMENT D'ADJUDICATION

Les sûretés réelles destinées à garantir le paiement d'une créance n'ont jamais, comme il a déjà été dit, qu'une utilité transitoire ; elles ne donnent pas, par elles-mêmes satisfaction à leur titulaire ; il cherche à obtenir le paiement de sa créance : la conversion de l'immeuble qui lui est affectée en gage en une somme d'argent, est donc nécessaire à le désintéresser. Or, la mise en vente des immeubles d'un débiteur n'est pas une faveur réservée aux créanciers hypothécaires et privilégiés, un créancier chirographaire peut avoir, dans la saisie, le titre de poursuivant. Mais c'est au moment où l'immeuble, disparaissant du patrimoine du saisi, est remplacé par sa valeur pécuniaire, qu'apparait l'utilité essentielle de la sûreté réelle, le droit de **préférence**, dont le droit de suite n'est que la garantie.

Le créancier hypothécaire ou privilégié retient, sur le prix d'adjudication, la somme nécessaire au paiement de sa créance; il l'absorbe en entier, si cette créance est supérieure au prix. Mais une fois la valeur intégrale de l'immeuble versée aux mains du créancier, il a obtenu de son gage tout ce qu'il en pouvait attendre et son droit sur lui s'est épuisé. L'hypothèque n'assure pas le paiement intégral de la dette. Sans doute lorsque le détenteur de l'immeuble est personnellement obligé au paiement de la dette, eût-il abandonné aux créanciers la valeur de leur gage, il reste débiteur, envers eux, de l'excédant de leurs créances sur cette valeur. Mais il en est autrement lorsque l'immeuble passe aux mains d'un tiers, qui ne succède pas aux obligations de son auteur dont il n'est qu'un ayant-cause à titre particulier; la dette personnelle reste fixée sur la tête du vendeur ou du saisi, la créance hypothécaire au contraire suit l'immeuble donné en gage, mais désormais elle n'a plus pour garantie que la valeur de ce gage; que le tiers détenteur abandonne cette valeur aux créanciers, et l'immeuble sera libéré; on ne comprendrait pas qu'il pût fournir une sûreté pour une somme supérieure; lorsque l'hypothèque a dégagé cette valeur, elle a accompli contre l'acquéreur son effet légal et s'est en quelque sorte mobilisée; il ne survit d'elle, au profit du créancier, que le droit d'invoquer un rang de faveur à l'encontre des créanciers chirographaires ou des créanciers hypothécaires postérieurement inscrits. dans la répartition du prix.

Une seule condition est mise à l'effet extinctif de l'aliénation : elle doit s'accomplir dans les formes que la loi juge
nécessaires pour dégager de l'immeuble sa plus haute valeur. L'acquéreur qui vient la dégrever offre aux créanciers inscrits de leur verser son prix, en échange de l'abandon de leurs sûretés réelles. Tout créancier qui juge cette
offre inférieure à la valeur réelle du gage peut, dans un
délai de quarante jours, déclarer qu'il ne reconnait plus
cette aliénation et ne consentira à l'extinction de son droit
de suite qu'en échange du prix que dégagera de l'immeuble une aliénation judiciaire, précédée d'une publicité
étendue, faite aux enchères publiques, et à laquelle peuvent
concourir tous les amateurs d'immeubles. C'est alors cette
adjudication qui opérera la purge des privilèges et des
hypothèques parce que les créanciers ont obtenu toute la
satisfaction qu'ils étaient en droit d'attendre, l'immeuble
étant censé avoir atteint sa plus haute valeur.

Or l'adjudication sur saisie immobilière offre aux créanciers les mêmes garanties que l'aliénation judiciaire qui
suit une vente volontaire ; les créanciers ont été avertis par
la transcription de la saisie, les insertions et les affiches
de l'expropriation qui se poursuit ; mais, de plus, ils ont été
individuellement appelés à la procédure, invités à discu-
ter les clauses de la future aliénation, ils ont pu se substituer au poursuivant lorsque sa négligence compromet la
validité des poursuites ou retarde leur marche, en se fai-

sant subroger à lui par une décision du tribunal ; ils ont le droit d'obtenir des mesures de publicité spéciales si le nombre des affiches ou des insertions leur parait insuffisant ; l'adjudication, faite aux enchères publiques, n'est pas définitive, et pendant un délai de huit jours une surenchère du sixième peut se manifester, et réparer une surprise et aboutir à une seconde adjudication qui restituera à l'immeuble sa valeur réelle ; enfin, si l'adjudicataire n'exécute pas ses engagements, la procédure de folle enchère aboutit à une nouvelle adjudication et à la fixation d'un nouveau prix.

L'adjudication sur saisie immobilière réunit donc toutes les garanties qui ont pour effet d'opérer la purge des privilèges et hypothèques ; il semble même qu'elle ait quelque supériorité sur l'adjudication qui suit une aliénation volontaire, quoique le taux de la surenchère soit ici plus élevé et son délai plus restreint. Si la vente a été consentie à des conditions désavantageuses, le chiffre peu élevé du prix fera naître la défiance parmi les enchérisseurs et la défaveur qui pèse sur l'immeuble réduira celui des offres nouvelles. D'autre part, il arrive fréquemment que les créanciers s'abstiennent de provoquer la revente en justice et se résignent à accepter le prix offert par l'acquéreur dans la crainte de ne voir personne couvrir leur surenchère et les dégager de leur obligation. Il est vrai, cependant, que le poursuivant, menacé d'un danger analogue, fixe la mise à prix bien au-dessous de la valeur de l'immeuble saisi, et la jurisprudence décide que les créanciers n'ont pas le droit d'exiger qu'on en relève le chiffre.

On a vu sous quelles conditions la purge pouvait s'opérer dans la législation romaine (1) et dans l'ancien droit français (2). L'effet extinctif de l'adjudication sur saisi est énoncé dans un texte du code civil, depuis la loi du 21 mai 1858 (article 717), mais le principe en a toujours été reconnu, il aurait été posé, dans la rédaction de la loi du 2 juin 1841, si l'on n'avait décidé, après discussion, d'y laisser subsister une grave exception relative aux hypothèques légales (3). Il avait été reconnu déjà, sans restriction, dans l'article 17 de la loi du 3 mai 1841 sur l'expropriation pour cause d'utilité publique.

La purge ne s'opère cependant qu'à de certaines conditions qui doivent être accomplies soit avant l'adjudication soit postérieurement. Leur examen ne trouve pas place dans cette étude qui n'a pour objet que les effets d'une adjudication valable, accomplie dans les formes légales. De simples indications suffiront donc à ce sujet.

(1) Code L. 6 *De remiss. pign.* VIII, 25.

(2) Loisel, *Institutes coutumières*, liv. VI, titre 5, n° 15. — Loyseau, *Déguerpissement*, liv. III, chap. 7, n° 6.

(5) Persil, rapport à la Chambre des pairs. D. v° *Vente publique d'Immeubles*, p. 565, n° 24. — Pascalis, rapport à la Chambre des députés, *ibidem*, p. 577, n° 128.

1° L'adjudication et la saisie qui la précède tombant lorsque l'immeuble exproprié n'appartenait pas à son détenteur, l'effet extinctif de la purge ne peut se produire. Ainsi les créanciers inscrits sur le véritable propriétaire conservent leur droit de suite et leur droit de préférence (1). Il est vrai que dans l'espèce le créancier en cause (la femme du propriétaire de l'immeuble) n'avait pas reçu la sommation prescrite par l'article 692, ce qui était une raison suffisante pour faire obstacle à l'effet de la purge à son égard (au moins dans le cas où le poursuivant connaissait le mariage d'après son titre), alors même que l'immeuble aurait été saisi sur le véritable propriétaire. — Voici un second exemple (2).

Un immeuble indivis entre un époux marié sous le régime de la communauté et les héritiers de l'autre époux est saisi sur le mari par les créanciers de la communauté ; les héritiers demandent l'annulation parce que la saisie a été pratiquée sur le mari seul ; leur demande est partiellement repoussée (3) ; la Cour décide que l'adjudication a fixé définitivement le prix, la translation de propriété, et l'effet extinctif de la purge, à l'égard de la partie qui

(1) Req. 2 décembre 1878. D. 79. 1. 259.
(2) Civ. Cass. 27 août 1883. D. 84. 1. 303.
(3) Remarquer en effet que l'on ne se trouve pas ici dans les termes de l'article 2205 qui suppose une saisie pratiquée par des créanciers personnels d'un copropriétaire, sur l'immeuble indivis.

revient au mari dans le bien de communauté, tandis que ces effets ne sont pas produits sur la partie qui devait revenir à la femme ou à ses héritiers, parce qu'elle a été saisie *super a non domino*.

2° L'immeuble n'est libéré des sûretés réelles que si les créanciers que le poursuivant connait d'après son titre ont reçu la notification prescrite par l'article 692 ; la purge résulte en effet, non de l'adjudication, mais de leur concours volontaire à l'expropriation qui les dépouille de leur gage, leur droit ne saurait être atteint lorsqu'ils n'ont pas eu, par une voie légale, connaissance des poursuites, et n'ont pu les surveiller ou les modifier dans un sens favorable à leurs intérêts, et de façon à réaliser la plus haute valeur de l'immeuble. L'adjudicataire ne peut alors éteindre le droit de suite de ces créanciers qu'en recourant à la purge sur aliénation volontaire. Un recours lui est ouvert à raison des sommes qu'il a déboursées, contre le saisi qui lui doit la garantie et contre le poursuivant qui est responsable envers lui de la validité de la poursuite.

Il est admis, par analogie avec l'art. 2198 du Code civil, que le créancier qui n'a pas été sommé parce qu'il a été omis par le conservateur sur l'état des inscriptions qu'il délivre au poursuivant, est dépouillé du droit de suite, sauf son recours contre ce fonctionnaire à raison de sa négligence dommageable (1).

(1) Civ. 25 avril 1888. D. 89. 1. 102.

3° L'hypothèque n'est-elle éteinte que par le paiement ou la consignation du prix d'adjudication ? On verra que les créanciers impayés reçoivent ici de la loi un moyen plus efficace que le droit de suite d'obtenir leur paiement, la folle enchère : cependant il est des cas où les créanciers peuvent se contenter de produire à l'ordre qui suit l'aliénation consentie par l'adjudicataire encore débiteur de son prix, ou la saisie pratiquée sur lui par ses créanciers personnels. Il n'est pas douteux que le droit hypothécaire a, dans ce cas, survécu à l'adjudication, mais il est alors resté soumis à la condition d'une inscription (alors même qu'il en était dispensé par une faveur légale, exemple : l'hypothèque de la femme mariée) (1).

Étudions successivement :

1° L'événement auquel est attaché l'effet extinctif de la purge.

2° Les diverses sûretés réelles atteintes par la purge.

3° Le droit qui survit à la purge au profit des créanciers auxquels ces sûretés ont été conférées.

---

(1) V. Cass. 4 juin 1850. D. 50. 1. 214. — L'arrêtiste admet ici une différence avec la purge sur aliénation volontaire ; dans ce dernier cas l'hypothèque subsiste jusqu'au paiement sous la forme d'un droit réel (article 2186) et non comme simple cause de préférence, tandis qu'au cas d'expropriation la purge du droit de suite est immédiate, mais ne s'opère que sous la condition résolutoire du défaut de paiement.

CHAPITRE PREMIER

A quel événement est attaché l'effet extinctif de la purge.

L'époque à laquelle s'accomplit la purge doit être précédée pour une double raison. C'est à partir de ce jour que le droit de suite attaché aux privilèges et aux hypothèques qui grèvent l'immeuble, disparait pour ne laisser subsister qu'une créance sur le prix d'adjudication. De plus, l'inscription du privilège ou de l'hypothèque a produit son effet légal, qui est d'en révéler et d'en opposer à la fois l'existence aux tiers ; une inscription qui viendrait à être prise après cette date ne frapperait qu'une somme d'argent. Aussi, le renouvellement des inscriptions antérieures est-il désormais inutile ; l'inscription était-elle encore vivante au jour où la purge s'est opérée ? elle est désormais à l'abri de la péremption décennale ; le droit, de préférence, se conserve sans inscription jusqu'au paiement.

On a voulu parfois fixer l'effet de la purge à l'instant où les créanciers sont liés à la procédure de saisie immobilière par les sommations que leur adresse le poursuivant

aux termes de l'article 692, et par la mention de ces notifications en marge de la transcription de la saisie. En effet,
au cas de purge sur aliénation volontaire, la purge s'opère
suivant le système aujourd'hui adopté, par l'effet des notifications qu'adresse l'acquéreur aux créanciers inscrits.
C'est l'offre de son prix d'acquisition qui le rend, en effet,
débiteur de ces créanciers (1). Or, les sommations de l'article 692 sont l'exacte contre-partie de ces notifications : il
faut, avant de consommer l'aliénation de l'immeuble et de
le remplacer par son prix dans le patrimoine du débiteur,
faire connaitre aux créanciers l'étendue et la valeur du droit
de leur débiteur ; la transcription du titre d'acquisition dans
un cas, celle du procès-verbal de saisie dans l'autre, sont
opérées, pour cette raison, au début de la procédure ; puis
un extrait leur en est adressé, en même temps qu'ils sont
invités à intervenir dans la procédure, à modifier les clauses
du contrat, à surenchérir eux-mêmes s'ils le jugent bon :
dans les deux cas l'aliénation judiciaire a été préparée par
les créanciers, elle est leur œuvre personnelle.

De plus, à partir de la mention prescrite par l'article
693, le saisissant n'est plus maitre des poursuites et la
saisie ne peut être levée que du consentement de tous les
créanciers ; leur droit au prix est donc, dès ce jour, irré-

---

(1) V. Req, 15 mars 1876, D. 78, I. 64. — 22 novembre 1895, D. 44,
I. 155. — 16 novembre 1892, D. 94, II. 246. — Cf., D. 95. II 525.

vocablement fixé ; il ne dépend plus que de leur volonté
d'être ou non désintéressés par le futur adjudicataire (1).

Ce système n'est pas admis en jurisprudence et a été
repoussé, notamment par un arrêt de la Cour de Nimes (2).
En effet, on ne saurait comparer aux notifications de l'article 692, les sommations de l'article 2183. L'événement
auquel est subordonnée la purge, la fixation de la valeur
de l'immeuble, s'accomplit au jour de ces notifications.
L'acquéreur offre aux créanciers, contre l'extinction de
leurs droits réels, son prix d'acquisition ; un droit sur le
prix naît immédiatement à leur profit ; l'acquéreur est lié
par sa promesse et ne peut la rétracter ; le droit du créancier est indépendant de sa volonté : c'est au créancier qu'il
appartient de décider s'il acceptera ou s'il refusera cette
offre ; il est libre de ne pas surenchérir.

Au contraire les notifications de l'article 692 précèdent
l'aliénation et ne la suivent pas ; puisque la valeur de
l'immeuble reste inconnue ; il est vrai que le poursuivant
fixe une mise à prix dont il deviendra débiteur à défaut
d'enchérisseur, mais elle ne représente pas la valeur réelle
de l'immeuble, elle est intentionnellement fixée au-dessous,
dans le but d'attirer un plus grand nombre d'amateurs.
Les sommations ont pour but, au contraire, d'avertir les

(1) Dans ce sens Bruxelles, 20 février 1811, D. v° *Privilèges e
Hypothèques*, n° 1.676.
(2) Nîmes, 11 juillet 1884, D. 85, II. 159.

créanciers de la poursuite qui s'ouvre, et, des dangers que peuvent leur faire courir un vice dans la procédure pratiquée par le saisissant, une clause trop onéreuse, une publicité insuffisante. C'est à ce moment qu'ils doivent faire les diligences nécessaires à sauvegarder leurs droits ; la saisie leur donne des droits contre leur débiteur (par exemple l'immobilisation des fruits); elle n'empêche pas les tiers d'inscrire les hypothèques qu'il leur a précédemment consenties. Ce n'est donc pas à ce moment que doit cesser, pour les créanciers déjà inscrits, la dispense de renouvellement (1).

Un autre système rattache la purge à l'ouverture de l'ordre. C'est à ce moment, en effet, que l'utilité de l'inscription se manifeste, puisque chaque créancier doit révéler, produire son titre et démontrer qu'il en a opéré la publicité. Il a fallu jusque-là, par conséquent, en conserver, sur les registres, une inscription valable. — C'est un des systèmes qui, anciennement, e tient le plus généralement suivis. Il paraît aujourd'hui abandonné. — En effet, le prix est déjà fixé à l'ouverture de l'ordre ; il s'agit alors d'en établir seulement la répartition. La nouvelle procédure qui s'ouvre à ce moment, n'intéresse, d'ailleurs.

(1) Besançon, 19 février 1820, D. v° *Vente publique d'Immeubles*, n° 856. — Req., 9 août 1821, D. v° *Privilèges et Hypothèques*, n° 1.677.

que les créanciers hypothécaires et privilégiés ; l'adjudicataire y reste étranger, et l'immeuble est déjà sorti du
patrimoine du saisi. Le droit de suite est donc désormais
sans objet, et la nécessité du renouvellement devient inutile ; les créanciers pourraient même radier leurs inscriptions ; leur existence n'en survit pas moins, sans être sur-
bordonnée à aucune formalité matérielle (1).

Suivant d'autres auteurs le renouvellement ne cesse
qu'à la clôture de l'ordre, parce qu'elle implique la délivrance des bordereaux qui confère aux créanciers colloqués un titre exécutoire et leur permet d'obtenir un
paiement immédiat. Il est admis que le droit hypothécaire
subsiste jusqu'au paiement, et que jusque-là il n'est que
paralysé. Tant qu'il reste un vestige de l'hypothèque ou
du privilège, on ne peut dire que la purge soit un fait
acquis.

Ce système est également repoussé, quoiqu'il ait eu de
nombreux partisans, parce qu'il confond la transformation du droit réel et son extinction. Le mot de purge est
parfois employé indifféremment dans l'un ou l'autre de
ces deux sens, ce qui est une cause de confusion inévita-

(1) V. contre ce système, Req. 22 janvier 1877, D. 77. I. 249. —
Pour, Req., 9 août 1821, D. v· *Privilèges et Hypothèques*, n· 1.677. —
Et les arrêts relatés, *ibid.*, n· 1.680.

ble. De même qu'à Rome la *litis contestatio* faisait obtenir au demandeur un droit à une condamnation contre le défendeur, mais ne lui accordait pas la satisfaction que donnera seule son exécution, de même le droit hypothécaire est d'abord converti en un droit de créance, et son extinction définitive n'est accomplie que par un fait postérieur, le paiement (1) ; il existe une période où le droit sur le prix subsiste et où il subsiste seul ; il prend naissance au jour de la purge pour s'éteindre par le paiement. L'article 717 d'ailleurs dit : « les créanciers n'ont plus « d'action que sur le prix ». D'ailleurs, selon l'expression d'un arrêt de la Cour de cassation, « la condition du paie- « ment du prix est une condition résolutoire de la purge « et non une condition suspensive. » (2)

Restent quelques systèmes secondaires, que l'on peut réfuter par une même raison ; l'événement qui est choisi pour fixer la date de la purge n'attribue pas aux créanciers un droit déterminé sur le prix ; la purge n'est donc pas effectuée et l'inscription reste sujette à renouvellement. Certains auteurs ont admis que c'est la transcription de la saisie qui opère la purge; d'autres, que c'est sa dénonciation au débiteur saisi qui a cet effet. Ce dernier système a

(1) En effet, l'adjudicataire ne peut obtenir la radiation des inscriptions qu'en consignant son prix et les intérêts échus. Art. 777.

(2) V. D. 80, I, 65 — Cf. dans le même sens. Cassat. 4 juin 1850. D. 50, I, 214 : note.

été repoussé par un arrêt de la Chambre des requêtes du 18 août 1830 (1).

La purge étant une conséquence de la conversion des sûretés réelles en un droit sur le prix, ne peut se rattacher qu'à la mutation de propriété qui a l'immeuble pour objet; c'est à ce moment qu'une valeur mobilière prend sa place dans le patrimoine du saisi. Mais depuis la loi du 23 mars 1855 la date et les conditions du transfert de la propriété ne sont plus soumises à une règle unique et varient suivant qu'il s'agit des rapports de l'acquéreur avec les tiers ou avec tous autres intéressés. Deux systèmes restent donc en présence : l'un fixe au jugement d'adjudication, l'autre à sa transcription, la date de la purge. Ce dernier système paraît s'être établi en jurisprudence, depuis ces dernières années surtout, d'une façon définitive.

Le système de la jurisprudence est très solidement établi sur les articles 1, 4, 6 de la loi de 1855, et sur l'article 717, tel que l'a modifié la loi du 21 juin 1858.

La loi de 1855, pour favoriser le crédit immobilier, révèle par des mentions sur un registre public les actes translatifs de propriété immobilière ; elle décide de plus que ces actes ne sont opposables à tous ceux qui ont eux-

(1) D. v° *Privilèges, hypothèques*, n° 1677.

mêmes sur l'immeuble des droits réels publics, que s'ils ont reçu la publicité au moyen d'une transcription.

Parmi les actes soumis à transcription, la loi devait ranger les jugements translatifs de propriété; c'est ce que fait que le § 4 de l'article premier. A l'égard des tiers qui ont des droits sur l'immeuble adjugé, et les ont conservés conformément aux lois, c'est-à-dire des créanciers inscrits, l'immeuble ne passe à l'adjudicataire que du jour de la transcription; il est resté jusque-là dans le patrimoine du saisi. De là naît une double conséquence.

1° Jusqu'à ce jour, les créanciers titulaires de sûretés réelles ont pu les inscrire sur l'immeubles saisi malgré la survenance d'une adjudication qui n'a pas plus d'effet contre eux que n'en aurait un acte de vente non transcrit. De même, jusqu'à ce jour, les créanciers déjà·inscrits ont dû entretenir leurs inscriptions, les vivifier si elles étaient menacées de péremption, par un renouvellement. Puisque l'immeuble reste encore à leur égard, dans le patrimoine du débiteur, ils sont tenus de conserver leurs droits jusqu'à ce que la transcription l'en fasse sortir. D'ailleurs le système de publicité des hypothèques ne remplirait pas son but, si les créanciers déjà inscrits n'avaient plus à conserver leurs droits à une époque où de nouveaux créanciers peuvent encore s'inscrire; ces derniers pourraient croire l'immeuble dégrevé, alors qu'il existerait sur lui des hypothèques occultes.

2° L'immeuble adjugé sortant du patrimoine du saisi, à l'égard des tiers, au jour de la transcription, le droit hypothécaire ne s'exerce plus sur lui ; il n'a plus pour objet que le prix d'adjudication qui lui est substitué ; il se mobilise et se convertit en un droit de créance auquel reste attaché, suivant la date de l'inscription ou la faveur légale, un rang plus ou moins favorable que la procédure d'ordre a pour but de déterminer. C'est donc à la transcription que s'opère la purge, parce que c'est à cette date que nait pour les créanciers le droit sur le prix (1).

Cette corrélation du transfert de propriété et de l'effet de la purge pouvait donc se déduire uniquement de la loi de 1855 ; mais elle trouve un argument inébranlable dans le nouvel article 717. « Le jugement d'adjudication « *dûment transcrit* purge toutes les hypothèques et les « créanciers n'ont plus d'action que sur le prix. » D'ailleurs, nous voyons le législateur rappeler, dans le même paragraphe, à propos des hypothèques légales, l'autre effet de la transcription, l'arrêt du cours des inscriptions, qui est une conséquence de la mutation de propriété qui vient de s'opérer. La même formalité qui dépouille les créanciers à l'égard de l'adjudicataire, transforme donc leur droit réel en un droit de créance contre lui.

(1) V. sur cette affirmation, Nimes, 11 juillet 1884. D. 85, II. 159. — Cahors, 15 janvier 1892. D. 92, II. 418.

c.   14

Cette doctrine est favorable au crédit hypothécaire, car elle exige la publicité des inscriptions jusqu'au jour où cesse la possibilité de s'inscrire pour un nouveau créancier. Ainsi jusqu'au dernier moment la publicité restera effective ; quiconque aura l'intention de consentir un prêt hypothécaire au saisi pourra connaitre quelles sûretés réelles le grèvent déjà et calculer si la valeur actuelle du gage laisse place à la garantie de nouvelles créances. — D'ailleurs, comment admettre que la purge puisse être l'effet d'un événement antérieur à la transcription ? Le débiteur serait dessaisi déjà à l'égard des créanciers inscrits, et il ne le serait pas à l'égard des nouveaux créanciers ? puisque, quel que soit le parti que l'on prenne sur la date de la purge, il n'est pas possible de contester que des inscriptions peuvent être prises sur l'immeuble jusqu'à la transcription du jugement d'adjudication (article 3, L. 23 mars 1855). Dans tous les autres systèmes il y a donc nécessairement un défaut d'harmonie, parce que la liste des inscriptions n'est pas close, quoique la purge des droits antérieurs soit déjà effectuée ; et la valeur de ces inscriptions tardives est une source de difficultés sérieuses.

Il a été ainsi jugé que la purge étant opérée par la transcription, l'inscription périmée avant cette date est réputée inexistante et ne donne pas au créancier le droit d'être colloqué dans l'ordre qui s'ouvre sur le prix, quoiqu'elle fût encore valable au jour de l'adjudication (1).

Ce principe est applicable au cas où c'est un des créanciers qui s'est rendu ou a été déclaré adjudicataire; il n'existe aucune raison d'établir ici une distinction (2).

Un arrêt apporte à ce système précis une restriction qui ne saurait être admise (3) ; il décide que, lorsque l'adjudicataire a laissé s'écouler un long délai (quatre années dans l'espèce) avant de transcrire, la péremption des inscriptions qui s'est produite, grâce à ce retard, ne peut nuire aux créanciers qui les ont laissé s'éteindre. Une telle décision s'inspire uniquement de circonstances de fait et ne repose sur aucun argument ; car les créanciers ont le droit de contraindre l'adjudicataire à transcrire son titre, et de poursuivre sa folle enchère s'il se refuse à le faire (article 750). Cette transcription est nécessaire aux créanciers, parce qu'elle est le préliminaire obligé de l'ordre (le procès-verbal d'ordre s'ouvre dans la huitaine qui la suit) ; mais on voit que dans le système de la jurisprudence elle est encore nécessaire pour empêcher la péremption des inscriptions existantes.

(1) *Motifs* : Req., 22 janvier 1877. D. 77, 1. 249. — Civ. 6 juin 1887. D. 88, I. 55. — *Décisions* : Nîmes, 11 juillet 1884. D. 85, II. 159. — Aix, 19 juin 1884. D. 86, II. 172, cassant tribunal d'Aix, 14 mars 1884. — Cass., 4 mai 1891, confirmant arrêt de Bastia. D. 92, I. 9.

(2) Cass., 4 mai 1891. D. 92, I. 9.

(3) Cahors, 15 janvier 1892, *Ibid.*

Il a été également jugé que, la transcription ayant pour effet de conférer aux créanciers un droit irrévocable sur le prix, l'inscription, qui a pour effet de sauvegarder l'hypothèque à l'encontre des tiers, devient inutile : en effet, tous les créanciers étant dépouillés du d.oit de suite, ne sont plus des tiers les uns à l'égard des autres : la radiation des inscriptions n'empêche donc pas la survie du droit de préférence ; il se conserve sans publicité (1) jusqu'au paiement qui l'éteint.

Enfin, lorsque l'hypothèque s'est éteinte faute de renouvellement, elle a pu être réinscrite avant la transcription du jugement d'adjudication ; elle prend alors rang à sa date. C'est là une simple application de la loi de 1855 (2).

Arrivons au système qu'adoptent la plupart des auteurs et qui est encore confirmé, du reste, par quelques Cours d'appel ; c'est le jugement d'adjudication qui purge les sûretés réelles.

Avant la loi de 1855, les partisans du système adopté par la jurisprudence étaient rares, puisqu'il semblait bien que le Code eût abandonné le principe de la transcription sauf en ce qui concerne les donations). Plusieurs auteurs estimaient que la purge s'opère par l'effet du jugement et

(1) Req., 22 janvier 1877. D. 77, I. 249.
(2) Bordeaux, 1er décembre 1885. D. 87, II. 12.

en donnaient deux motifs : 1° le jugement arrêtait le cours des inscriptions du chef du saisi et des précédents propriétaires (1) ; 2° C'est par l'effet de l'adjudication que l'adjudicataire devient le débiteur direct des créanciers inscrits. Cet argument a gardé depuis 1855 toute sa valeur.

L'adjudication en effet, est le résultat d'une longue procédure où tout a été mis en œuvre pour avertir les créanciers de l'expropriation et les inviter à y prendre part pour sauvegarder leurs droits. Le procès-verbal de saisie doit être rendu public par une transcription au bureau des hypothèques (article 678) ; l'existence de la saisie est ainsi révélée aux tiers. Mais cette publicité, efficace à l'égard d'un acquéreur ou d'un nouveau créancier, peut ne pas atteindre les créanciers dont le droit a déjà reçu publicité et qui se croient à l'abri de tout danger. Aussi un système de notifications individuelles les atteint-il chacun isolément ; et, comme la remarque en a été faite plus d'une fois, c'est avec leur concours que se poursuit la saisie et que se fait l'adjudication, et les clauses du contrat judiciaire sont leur œuvre propre. Un créancier n'a-t-il pas été sommé alors que le poursuivant en connaissait légalement, par l'état des inscriptions, l'existence ? l'adju-

(1) Les articles 854 et 855 du Code de procédure civile permettaient l'inscription dans la quinzaine de la transcription de l'aliénation, mais ils ne visaient que les aliénations volontaires.

dication et sa transcription n'ont pas d'autre influence sur son droit, que celle qu'exercerait une vente amiable, et les effets caractéristiques de l'aliénation forcée sont, à son égard, inexistants ; rien ne prouve mieux que la purge est l'effet d'une renonciation volontaire, et non d'une prétendue expropriation que subissaient les créanciers. — Enfin arrive le jour de l'adjudication ; un enchérisseur est proclamé adjudicataire, et le jugement est son titre :, or quel est le dispositif de ce jugement ? c'est la reproduction textuelle du cahier des charges, dont les termes ont été rédigés par le poursuivant avec l'assentiment tacite ou le concours des créanciers inscrits eux-mêmes ; comment ne seraient-ils pas parties à l'acte qui consomme l'expropriation, alors qu'ils étaient liés à la procédure qui l'a préparé et pourquoi le transfert de propriété et la conversion du droit hypothécaire ne s'accompliraient-ils pas immédiatement à leur égard ?

La situation de l'adjudicataire est analogue à celle de l'acquéreur qui adresse aux créanciers inscrits des notifications à fin de purge : dans les deux cas il y a, de la part de l'acquéreur, une offre irrévocable d'un prix, une promesse qui ne peut être rétractée. Mais, il y a ici quelque chose de plus : il y a l'acceptation tacite de cet engagement, et un tribunal prend acte de ce concours de volontés entre les créanciers et le plus fort enchérisseur ; ce dernier s'engage à leur verser le montant de son enchère en échange de leur renonciation à leurs sûretés réelles ; c'est la clause essentielle et sous-entendue de tout cahier des charges, sans laquelle il ne se trouverait pas d'acquéreur. On ne saurait prétendre du reste que le droit réel subsiste sur le prix après l'instant où le droit sur le prix a pris naissance et la jurisprudence elle-même le reconnait (1).

Cependant, dit-on, le tiers acquéreur ne peut ouvrir la procédure de purge sans avoir au préalable transcrit son titre ; rien ne prouve mieux que l'extinction des privilèges et hypothèques suppose d'abord publié à l'égard des tiers l'acte qui transfère la propriété à l'acquéreur ou à l'adjudicataire. — Il est facile de répondre à cette objection. Quelle est l'utilité de la transcription dans le cas de purge sur aliénation volontaire ? Elle révèle aux créanciers l'étendue exacte de la propriété de leur débiteur et la valeur qu'il sera possible d'en dégager. Au cas de saisie immobilière, ce n'est pas la transcription du jugement qui joue ce rôle, c'est celle du procès-verbal de saisie. — Elle apprend aux créanciers que l'immeuble a passé aux mains d'un nouveau propriétaire : peut-on soutenir qu'ici la transcription du jugement révèle aux créanciers rien qu'ils ne sachent déjà ? et ne sont-ils pas parties à l'instance qui aboutit à l'expropriation, au même titre que l'exproprié lui-même ? Comment pourraient-ils ignorer une aliénation dont ils ont rédigé ou accepté les clauses ?

(1) V. Nîmes, 11 juillet 1884. D. 85, II. 159.

Le jugement confère donc aux créanciers un droit irrévocable sur le prix d'adjudication, en échange de l'abandon de leur droit hypothécaire. Aucun événement postérieur dont l'effet serait de substituer un nouvel adjudicataire au premier, ne porte atteinte à ce droit. Quel peut
être sur cette situation l'effet d'une surenchère du sixième ?
selon l'expression d'un auteur, « l'immeuble hypothéqué
« est de fait réalisé pour le compte des créanciers, auxquels
« elle profitera en leur procurant un prix plus élevé, elle
« les laisse soit entre eux, soit vis-à-vis de l'adjudicataire,
« dans la situation où le jugement d'adjudication les
« avait placés ». — Quant à la folle enchère, elle n'a pas
plus d'influence sur le droit des créanciers, et l'inexécution
des engagements pris par l'adjudicataire ne peut priver
tels créanciers des droits qu'ils ont acquis contre tels
autres.

Reste l'objection tirée des lois de 1855 et de 1858. On
peut répondre que la loi du 23 mars 1855 est une loi de
publicité destinée à révéler des mutations de propriété
jusque-là ignorées des tiers ; mais ici, par hypothèse, les
tiers intéressés ont été avertis de la procédure, dès son
origine, par un système de publicité supérieur à la publicité collective des registres publics ; ce n'est pas l'intéressé qui doit aller se renseigner en les consultant, c'est
un avis individuel qui vient l'atteindre au domicile qu'il a
choisi dans son inscription. — D'ailleurs, la procédure de

saisie immobilière est un ensemble de formalités qui se suffit à lui-même ; elle subsiste sous la forme que lui a donnée la loi du 2 juin 1841, et la transcription reste en dehors de son cadre.

Quant à l'article 717, qui déclare que le jugement *dûment transcrit* purge toutes les hypothèques, on l'a commenté ainsi : « La transcription arrête seule le cours « des inscriptions du chef du saisi et des précédents pro- « priétaires et les créanciers inscrits entre le jugement « d'adjudication et la transcription de ce jugement con- « servent, aussi bien que ceux qui sont inscrits antérieu- « rement, leur droit de préférence sur le prix. »

Cependant, on comprend, qu'en présence de ce texte, la Cour de cassation ait adopté le système de la transcrip- tion : il est trop précis pour que le débat garde longtemps un caractère pratique, et quels que soient les arguments qui puissent être invoqués contre ce système, ils n'ont guère qu'une valeur théorique. Quelques arrêts, cepen- dant, ont consacré le système contraire.

Il a été décidé ainsi que le jugement opère la purge des privilèges et hypothèques et que, par conséquent, le renou- vellement des inscriptions qui viennent à se périmer entre l'adjudication et sa transcription est inutile (1).

____

(1) Caen, 9 mai 1871, D. 76, II, 102. — Tribunal de Sarlat, arrêt très motivé, confirmé par adoption de motifs par Bordeaux, 19 no-

On ne saurait tirer un argument de deux arrêts récents décidant que la purge est opérée par l'adjudication, parce que, dans l'espèce, il n'y avait pas intérêt à en préciser la date (1).

Une question reste à résoudre dans ce système ; quel est l'effet des inscriptions prises entre le jugement d'adjudication et sa transcription ?

(Remarquons qu'il ne peut s'agir ici d'hypothèques constitués depuis la transcription de la saisie, pour les auteurs qui estiment que depuis ce jour le saisi est frappé de l'incapacité d'hypothéquer en même temps que de celle de disposer) (2).

Un système se présente d'abord à l'esprit ; la purge n'a d'effet que sur les inscriptions existant au moment où elle se produit; à l'égard des inscriptions postérieures, l'adjudicataire devra opérer la purge de la façon qu'indiquent les articles 2181 et suivants au cas d'aliénation volontaire. Ce système, quoiqu'il ait été quelquefois adopté (3), doit

vembre 1868, D. v° *Privilèges et hypothèques*, supplément n° 1088. — Tribunal d'Aix dans D. 86, II, 172, et v° *Privilèges et Hypothèques*, supplément, n° 1088. — Motifs d'Agen, 16 novembre 1886, D. 87. II, 109.

(1) Toulouse, 1er mars 1890, D. 90, II, 70. — Civ., 30 juin 1890 D. 90, I, 327.

(2) Argument tiré de l'article 2124.

(3) Motifs, Bordeaux, 19 novembre 1868, D. supplément, *Privilèges et Hypothèques*, n° 1088.

être repoussé, puisqu'aux termes de l'article 717, le jugement d'adjudication purge toutes les hypothèques, c'est-
à-dire toutes celles qui pourraient être prises du chef du
saisi ou des précédents propriétaires, sans qu'il soit fait
entre elles aucune distinction selon leur date d'inscription.
D'ailleurs, il serait peu logique de traiter plus favorablement des créanciers tardivement inscrits que ceux dont
les hypothèques ont été antérieurement inscrites et qui ne
conservent plus qu'un droit de créance sur le prix. De
telles hypothèques naissent donc dépourvues du droit de
préférence ; ce sont des créances privilégiées à l'encontre
des créanciers chirographaires seulement.

Une objection subsiste cependant contre le système de
la purge par le jugement d'adjudication. Les inscriptions
n'étant plus soumises, depuis cette date, à la nécessité du
renouvellement, un créancier qui s'inscrit entre le jugement et sa transcription ne trouvera pas trace, sur les
registres, des sûretés réelles précédemment consenties
par le saisi ou les précédents propriétaires et dont la péremption s'est accomplie depuis le jugement : c'est-à-dire
qu'il existerait encore en droit français des hypothèques
conventionnelles occultes ; or, on sait que l'article 2134
soumet ces hypothèques à la publicité et à la nécessité de
l'inscription.

Un arrêt de la Cour d'Agen, du 16 novembre 1886 (1),

(1) D. 87, I, 109.

a tenté d'éviter cette objection par une distinction. La purge est l'effet du jugement d'adjudication et un créancier encore valablement inscrit à ce jour n'a plus à renouveler son inscription ; les créanciers déjà inscrits ne peuvent plus s'opposer réciproquement la péremption décennale. Mais s'il survient après le jugement une nouvelle inscription, son titulaire aurait le droit de méconnaitre les inscriptions périmées, parce qu'il est un tiers à l'égard des créanciers déjà inscrit ; à l'égard des nouveaux créanciers, l'obligation du renouvellement subsisterait donc jusqu'au jour où cesse la possibilité de s'inscrire, c'est-à-dire jusqu'à la transcription.

Ce système (ce n'était dans l'espèce qu'une simple théorie qui ne trouvait pas son application dans le débat) a été repoussé ; mais l'on peut éviter par d'autres raisons l'objection qu'il tend à écarter. Quels sont, en effet, les tiers intéressés à connaitre, après le jugement d'adjudication, l'état des inscriptions qui grèvent l'immeuble ? Ce ne sont pas les créanciers déjà inscrits, puisque leur rang est fixé ; ce ne sont pas les créanciers qui s'inscrivent, dès le jugement, du chef de l'adjudicataire, puisqu'ils s'inscrivent sur un immeuble, tandis que les inscriptions prises du chef du saisi ne frappent plus qu'un prix : et puisque le droit de suite qui s'y attache n'est plus opposable à l'adjudicataire, il ne l'est pas davantage à ses ayants-cause. Le même raisonnement s'applique à celui

qui voudrait acquérir de l'adjudicataire l'immeuble adjugé.
— Restent les créanciers qui s'inscrivent entre le jugement et sa transcription du chef du saisi ou des précédents propriétaires : or, si ces créanciers ont reçu leur
hypothèque avant la transcription de la saisie, ils sont au
moins coupables de négligence et leur inscription aurait
pu être prise plus tôt. S'il s'agit de créanciers dont le
droit est né après cette date, ils ont dû, avant de s'inscrire, consulter le registre des transcriptions, afin de s'assurer que l'immeuble est encore aux mains de leur débiteur ; c'est une recherche que doit faire tout acquéreur de
droits réels au moment où il contracte. Or, le registre
leur révélera immédiatement l'existence de la transcription de la saisie, et, par conséquent, la menace d'une
expropriation prochaine ; il leur est facile alors de se renseigner auprès du poursuivant sur le nombre et l'étendue
des créances hypothécaires déjà inscrites.

Une dernière difficulté est soulevée à propos de ces
mêmes créanciers ; l'instant de la purge doit coïncider,
dit-on, avec l'arrêt du cours des inscriptions, parce que
c'est à ce moment que le compte hypothécaire ouvert sur
l'immeuble est clos d'une façon irrévocable. Jusqu'à ce
jour la liste des créanciers inscrits peut s'augmenter de
nouveaux noms. — Il est vrai que le jugement d'adjudication ne fixe pas le nombre des inscriptions, mais celles
qui sont postérieurement prises diminuent-elles en rien la

valeur des inscriptions antérieures, et le droit irrévocable
au prix qui s'y est attaché par l'effet du jugement en est-
il atteint? — « A la transcription, dit un arrêt déjà
« cité (1), le rang suivant lequel les créanciers seront
« payés est reporté sur le prix et reste définitivement fixé »
on pourrait en dire autant du jugement. Mais, en réalité.
ce ne sont ni le jugement, ni la transcription qui fixent le
rang des créanciers dans la répartition du prix. Pendant
toute la première période de la procédure d'ordre (jusqu'à
l'expiration du délai donné aux créanciers pour produire; article 754), aucun créancier inscrit, fût-il le premier en rang ne peut se dire certain d'obtenir une collocation; la révélation d'un droit hypothécaire resté inconnu
est encore possible. Cela n'est pas vrai seulement des hypothèques légales soumises à un régime de faveur; mais
un créancier non sommé par la faute du conservateur, un
créancier omis par le poursuivant qui en connaissait l'existence et qui renonce à son droit de suite (on sait que ce
droit n'est pas purgé), peuvent produire pour le montant
de leur créance non seulement pendant le délai de l'article 754 (c'est le délai de faveur accordé aux créanciers à
hypothèque légale, dispensés d'inscription et non inscrits;
article 717, dernier alinéa), mais tant que le prix n'a pas
été distribué et l'ordre homologué (2). Or, on a vu que

<hr>

(1) Cass., 4 mai 1891. D., 92, 1, 9.
(2) Civ. rejet, 25 avril 1888. D. 89, I. 102.

l'effet de la purge ne peut être retardé jusqu'à ce moment, parce que la purge n'est pas subordonnée à la condition suspensive du paiement.

C'est au principe même sur lequel s'appuie la jurisprudence que l'on doit s'attaquer pour écarter son système. L'adjudicataire, dit-on, ne devient débiteur de son prix envers les créanciers que du jour de la transcription ; c'est donc à ce jour que s'opère la conversion de leur droit hypothécaire. — Or il faudrait tout d'abord démontrer que l'adjudicataire est un tiers (au sens de la loi du 23 mars 1855), dans ses rapports avec les créanciers. L'article 3, de la loi de 1855, ne peut apporter la solution de cette question ; un tiers, d'après cet article, est celui qui a des droits sur l'immeuble et les a conservés en se conformant aux lois ; or la question est de savoir si dans l'espèce, les créanciers ont encore ou n'ont plus un droit de suite sur l'immeuble adjugé.

D'autres arguments, déjà indiqués en partie, permettent de soutenir que les créanciers hypothécaires et privilégiés ne sont pas des tiers à l'égard de l'adjudicataire.

1° Les créanciers inscrits sont parties au contrat judiciaire qui se forme par l'effet du jugement d'adjudication. Sans doute ils ne peuvent être obligés, envers l'adjudicataire, à l'exécution des clauses dont l'accomplissement ne dépend pas de leur volonté ; ainsi, lorsque l'adjudicataire souffre une éviction partielle, ils ne sont pas obligés de

réparer le dommage qu'il a subi de la façon dont s'y oblige
un vendeur envers son acheteur article 630 et (suivants),
ils ne sont tenus que de restituer une partie du prix
qu'ils détiennent sans cause. Il ne saurait en être autrement puisqu'ils ne vendent pas par esprit de spéculation,
mais pour se payer de ce qui leur est dû. — Aussi, a-t-on
dit, dans un arrêt qui a été cité plus haut, qu'il n'y a pas
de lien de droit entre eux et l'adjudicataire. Cette asser-
tion cependant est inexacte, car ils s'engagent envers lui
à deux choses : 1° ils ne sauraient revenir sur une clause
dont l'exécution dépend de leur volonté [exemple : élever
après l'adjudication le taux des intérêts du prix d'adjudi-
cation] ; 2° tout cahier des charges contient une clause
essentielle et sous-entendue ; sans laquelle l'adjudicataire
n'aurait pas contracté; l'abandon par les créanciers de
leurs sûretés réelles, en échange du prix d'adjudication.
Soit que l'on admette que ce droit au prix nait directement
en leur personne (1), soit que l'on estime « que l'adjudi-
« cation a pour effet de subroger les créanciers hypothé-
« caires, sur le prix, aux droits de leur débiteur expro-
« prié » (2), le droit sur le prix n'en prend pas moins
naissance du jour du jugement qui constate le contrat ju-

(1) Voyez dans ce sens : D. note, année 1894, I. 155, pour le cas de
Vente volontaire, Conséquence ; quoique créancier du vendeur, l'acquéreur ne peut leur opposer la compensation.

(2) Cass., 4 juin 1850, 50, I. 214.

diciaire intervenu entre les créanciers, l'adjudicataire et le saisi.

2° La situation réciproque de l'adjudicataire et des créanciers est exactement semblable, ainsi qu'on l'a vu, à celle d'un acquéreur qui adresse aux créanciers la notification de l'article 2183 (et même l'aliénation dont le prix leur est offert a été faite à leur insu, à des conditions peut-être ruineuses, tandis que l'adjudication sur saisie immobilière est l'œuvre des créanciers); il y a une véritable contradiction à décider que dans un cas la purge s'est opérée et que, dans l'autre, les sûretés réelles ne sont pas transformées.

3° On verra plus loin que l'action qui est donnée aux créanciers hypothécaires contre l'adjudicataire, pour obtenir l'exécution de ses engagements, n'est pas l'action hypothécaire. Sans doute, leur droit de suite n'étant pas irrévocablement éteint jusqu'au paiement du prix, ils pourront pratiquer une saisie de l'immeuble sur l'adjudicataire lui-même; mais ce n'est pas cette voie coûteuse et frustratoire qu'ils emploieront ; ils exerceront contre lui une action résolutoire spéciale, la folle enchère (art. 733); or l'exercice de cette action est indépendant de la publicité du droit hypothécaire, il est accordé à tout créancier chirographaire qui a pris l'initiative des poursuites et aux autres créanciers chirographaires qui espèrent recueillir une fraction du prix, une fois les créanciers hypothécaires désintéressés ; ce qui démontre que les créanciers hypothécaires ne sont plus des tiers à l'égard de l'adjudicataire, puisqu'ils n'exercent contre lui qu'une action dont l'exercice est ouvert à tous les créanciers du saisi, même à ses créanciers chirographaires

CHAPITRE II

Purge des sûretés réelles
et de l'action résolutoire du vendeur

Le jugement d'adjudication ou sa transcription éteint les sûretés réelles soumises à publicité et publiées avant cette transcription, et qui ont été prises du chef du saisi ou des précédents propriétaires (privilèges et hypothèques soumis à inscription : antichrèse).

Il purge également le droit de suite attaché aux hypothèques légales des incapables, qui se conservent sans inscription.

Enfin, il opère l'extinction de l'action résolutoire d'un précédent vendeur auquel son prix n'a pas encore été entièrement versé.

De ces trois effets, le premier a toujours été adopté depuis la promulgation du Code civil ; le second n'a été consacré que par la loi du 21 mai 1858 ; la troisième date de la loi du 2 juin 1841.

[La transcription du jugement d'adjudication, survenue,

avant l'inscription du privilège ou de l'hypothèque soumis à publicité, en empêche la naissance, et le titulaire de ce droit est réduit à une créance chirographaire qui ne lui permettra, une fois les créanciers inscrits ou dispensés d'inscription désintéressés, que de concourir sur le reliquat du prix avec les autres créanciers chirographaires. Cet arrêt du cours des inscriptions, qui est en effet commun à toutes les transcriptions d'actes translatifs de propriété (article 6 de la loi du 23 mars 1855) ne donne pas lieu à des remarques spéciales dans le cas de la transcription d'un jugement d'adjudication sur saisie immobilière. Il suffit de rappeler que la transcription a une double utilité ; elle est nécessaire à l'adjudicataire pour arrêter le cours des transcriptions de baux, d'aliénations ou de constitutions de droits réels consentis par le saisi ou ses prédécesseurs ; elle est le préliminaire obligé de la procédure d'ordre (article 750), et les créanciers peuvent contraindre l'adjudicataire à l'effectuer, en le menaçant de la folle enchère (même article) ; un délai de quarante-cinq jours lui est imparti dans ce but, et il est rare, vu la longueur du jugement, qui est la copie du cahier des charges, qu'il puisse être transcrit un mois après l'adjudication.

Section I. — Purge des hypothèques
soumises a inscription

La purge des priviléges et hypothèques inscrits est le résultat des sommations adressées à leurs titulaires en vertu de l'article 692. Il en est ainsi depuis la loi de 1841, ces sommations n'existaient pas sous le Code civil (simple dénonciation des placards ; voir art. 695). La législation nouvelle réalise, sur ce point, un progrès assez sensible (1). Aussi les créanciers non soumis par la faute du poursuivant, conservent-ils dans sa plénitude, leur droit hypothécaire (2). Il est admis que par application de l'article 2198 le créancier qui n'a pas été sommé, par une omission du conservateur qui délivre au poursuivant l'état des inscriptions, ne conserve qu'un droit de préférence sur le prix, qu'il exerce tant que l'ordre n'est pas clos et le prix distribué (3), il a d'ailleurs un recours contre le conservateur à raison du préjudice que lui cause sa négligence (4), mais

(1) V., sur cette réforme, rapport de M. Persil à la Chambre des Pairs. D. v° *Vente Publique d'Immeubles*, n° 20 et suivants, p. 565.

(2) Cf. C.en, 28 novembre 1825. D. v. *Faillite* 1175 § 1 (analogie).

(3) Civ. 25 avril 1888. D. 89. I. 102. — Cf. Rouen, 30 mars 1895. D. 95. II. 109.

(4) Sur l'étendue de son recours, cf. Angers, 27 mars 1878. D. 78. II. 164 (situation analogue : cas de faillite.)

il doit au préalable prouver qu'il eût été colloqué dans l'ordre s'il y avait produit (1).

Quant aux créanciers qui n'ont pris une inscription que postérieurement au jour où l'état est délivré par le conservateur, leur droit est également purgé, car l'article 718 ne fait aucune distinction (2). Cependant il faut remarquer ici que rien ne révèle aux créanciers inscrits depuis ce moment, mais avant la transcription de la saisie, l'existence des poursuites et l'éventualité d'une expropriation prochaine. Il serait donc prudent de requérir un nouvel état des inscriptions, au moment où est opérée la transcription de la saisie ; ces créanciers pourront ainsi être liés à la poursuite par des sommations individuelles. Quant aux créanciers postérieurement inscrits, ils ont été suffisamment avertis, en recherchant sur les registres le titre qui a rendu leur débiteur propriétaire de l'immeuble sur lequel ils ont pris hypothèque; l'état des transcriptions que leur délivrera le conservateur contiendra la mention de la transcription de la saisie pratiquée sur cet immeuble.

On a vu précédemment que les inscriptions qui sont prises entre le jugement d'adjudication et sa transcription, ne confèrent qu'un droit de préférence, parce qu'elles ne frappent plus qu'une somme d'argent ; les hypothèques sont donc purgées du droit de suite.

(1) V. arrêts relatés. D. v° *Priviléges et Hypothèques*, n° 2994.
(2) Douai, 6 février 1855. D. 55. II. 189.

Quant aux inscriptions postérieures à la transcription, elles sont radicalement nulles et ne produisent aucun effet. C'est par voie de production à l'ordre que les créanciers dispensés d'inscription ou non sommés révèlent le droit de préférence qui subsiste à leur profit.

L'adjudication purge-t-elle les hypothèques inscrites du chef des précédents propriétaires ? L'article 717 ne fait aucune distinction en leur faveur. Cependant une difficulté s'élève à ce sujet. Le conservateur n'est tenu de délivrer que l'état des inscriptions qui ont été prises sur une personne déterminée. Les créanciers inscrits sur le saisi seront retrouvés par lui, et la liste en sera communiquée au poursuivant qui pourra les sommer. Mais il ne peut être tenu de rechercher les noms des propriétaires précédents afin d'indiquer au poursuivant les créanciers qui se sont inscrits sur lui ; cela lui est même interdit (1) ; il ne fournira ces indications que si les noms des précédents vendeurs lui sont révélés. Or, ces noms sont inconnus le plus souvent du poursuivant, parce que le débiteur n'est pas disposé à se dessaisir de ses titres de propriété qui les révèleraient immédiatement et à faciliter sa propre expropriation.

Les hypothèques des créanciers non sommés, parce que

(1) Caen, 16 mai 1884. D. 85. II. 57. — Cf. sur les recherches imposées au conservateur, notes de D. 95. II. 209.

leurs débiteurs restent inconnus, sont-elles purgées, quoiqu'ils n'aient rien négligé pour se faire connaître ? Oui,
parce qu'il a été matériellement impossible de les avertir
et parce que l'intérêt général l'emporte ici sur leur intérêt
particulier. La publicité collective des insertions et des
affiches les atteindra peut-être, d'ailleurs ; enfin ils conservent le droit de produire à l'ordre tant que le prix n'est
pas distribué.

Mais la difficulté s'accroît, et s'étend en même temps,
au sujet des créanciers qui n'ont pas été sommés, parce que
le titre qui dessaisit leur auteur n'a pas été transcrit. Aux
termes de l'article 3 de la loi du 23 mars 1855, les actes
constitutifs de droits réels (exemple : la transcription du jugement d'adjudication) ne sont pas opposables aux tiers
qui ont acquis des droits sur l'immeuble et les ont conservés en se conformant aux lois (les créanciers hypothécaires
inscrits). c'est-à-dire qu'à l'égard de ses créanciers, le propriétaire dont le saisi a acquis l'immeuble adjugé, sans
transcrire son contrat d'acquisition, est resté propriétaire ;
la saisie a été faite sur un *non dominus* et la purge qui
en est la conséquence n'a pas plus de valeur. — D'autre
part, le cours des inscriptions n'est arrêté que par la transcription de l'acte qui dessaisit le débiteur ; les créanciers
du vendeur pourront donc s'inscrire malgré l'adjudication
et sa transcription, sur l'immeuble adjugé, et le saisir sur
l'adjudicaire ; car le transcription ne purge pas les vices

de son titre et le défaut de droit de son auteur (argument *à fortiori* de l'article 2125).

Ces conséquences rigoureuses de la loi du 23 mars 1855 ne doivent pas être acceptées. Cependant, en matière d'aliénation volontaire, la question est vivement discutée. Plusieurs auteurs obligent l'acquéreur volontaire à transcrire les actes qui ont transféré la propriété à ses auteurs sucessifs, pour arrêter le cours des inscriptions prises sur eux; et dans le conflit qui s'élève entre un créancier inscrit sur le vendeur, et le sous-acquéreur, ils donnent gain de cause au premier, parce qu'il n'y a aucun moyen de connaitre la revente qui a rendu le sous-acquéreur propriétaire, tandis que ce dernier pouvait vérifier si le titre de son auteur avait été transcrit, et le transcrire lui-même au besoin (1). Cependant il a été jugé, au cas où le sous-acquéreur transcrit dans le but de procéder à la purge des articles 2181 et suivants, que la transcription de son propre titre suffit à purger les hypothèques, « tant celles qui existent du chef « du vendeur que celles qui existent du chef des proprié- « taires antérieurs » (2). — L'arrêt des inscriptions est alors également opéré par cette transcription.

---

(1) V. Dijon, 10 juin 1891, D. 92 II. 469. L'arrêt décide que le sous-acquéreur doit transcrire à l'encontre du vendeur; à plus forte raison le doit-il à l'égard de ses créanciers, qui certainement sont par rapport à lui des tiers, tandis que la question est douteuse pour le vendeur

(2) Bordeaux 16 mai 1859, D. v° *Privilèges et Hypothèques*, supplément, n° 1510.

On peut invoquer dans ce sens l'article 2181 qui semble n'exiger que la transcription du titre de l'acquéreur. — De plus, elle était suffisante sous la loi de brumaire an VII, dont les termes sont formels (articles 44 et 47); or, la loi du 23 mars 1855 est conçue dans le même esprit, et il semble que l'on puisse dégager du rapprochement des articles 3 et 6 de la loi la formule suivante : « le vendeur peut « revendre ou grever l'immeuble jusqu'à la transcription « du titre de l'acquéreur; mais une fois cette transcription « opérée, l'acheteur n'a plus rien à redouter des créanciers « antérieurs quels qu'ils soient. »

La question reste cependant douteuse. Mais au cas d'expropriation forcée aucune hésitation n'est possible. « Le « jugement d'adjudication... purge *toutes* les hypothè- « ses.... » sans aucune distinction; de plus, il est certain que la loi cherche à donner à l'adjudicataire les plus fortes garanties contre le danger d'une éviction, parce que son intérêt est aussi celui des créanciers et du saisi, puisque l'immeuble gagne en valeur à mesure que diminuent les chances d'éviction. — La recherche de l'origine de la propriété n'est pas imposée au poursuivant parce qu'il n'a pas les renseignements qui lui permettraient de l'établir; cependant, les créanciers des précédents propriétaires sont atteints par la purge lorsqu'il y avait pour le poursuivant impossibilité matérielle de les connaitre. Or, l'impossibilité n'existe-elle pas surtout lorsqu'il y

a une lacune dans la publicité des actes qui ont opéré les
mutations successives? Le poursuivant, alors même qu'il
connaitrait les noms des vendeurs les plus récents, ne
pourrait, en s'aidant des transcriptions (qui relatent chacune
le nom de deux propriétaires successifs, le vendeur et
l'acheteur), remonter plus loin, puisque la chaine des mutations est interrompue et que rien ne révèle le nom du
vendeur dont l'acquéreur n'a pas transcrit l'acte d'aliénation. C'est donc dans un pareil cas qu'il y a véritablement
pour le poursuivant une impossibilité matérielle de sommer les créanciers d'un précédent vendeur; aussi n'est-il
pas douteux que leurs droits soient purgés.

De plus, il y aurait contradiction à décider que les hypothèques déjà inscrites sur cet ancien propriétaire sont
purgées, mais que ceux de ses créanciers qui ne sont pas
encore inscrits peuvent le faire encore. La transcription
du jugement d'adjudication arrête donc sans distinction le
cours de toutes les inscriptions du chef de tous les propriétaires antérieurs.

SECTION II. — PURGE DES PRIVILÈGES SOUMIS A INSCRIPTION

Quoique l'article 717 ne vise que les hypothèques, le
jugement d'adjudication purge également les privilèges
et la transcription du jugement arrête le cours de leurs
inscriptions.

Ainsi le privilège du Trésor public sur les biens acquis à titre onéreux par les comptables (Loi du 5 septembre 1807, article 5) doit être inscrit dans les deux mois de l'acte translatif de propriété ; le privilège sur le bien des condamnés, dans les deux mois du jugement de condamnation. Au cas où l'immeuble est aliéné par le comptable ou le condamné avant l'expiration de ce délai, l'inscription est-elle possible ? Selon certains auteurs, elle ne conservera plus que le droit de préférence ; selon d'autres, l'inscription prise dans les deux mois conserve le droit de suite malgré toute transcription survenue dans l'intervalle. En tout cas, la question ne saurait se poser ici, parce qu'il s'écoule toujours plus de deux mois entre le jour où le commandement est signifié au débiteur et celui de l'adjudication (1) ; à ce moment le privilège sera donc ou perdu ou conservé, et dans le second cas, il ne survivra de lui qu'un droit de préférence ; il ne sera jamais opposable à l'adjudicataire.

Les privilèges généraux sur les meubles et les immeubles (articles 2101 et 2107) confèrent un droit de suite qui ne se conserve que par une inscription, et qu'éteint l'adjudication ; ils confèrent aussi un droit de préférence qui

(1) Trente jours au moins entre le commandement et la saisie (art. 674) — un délai variable entre la saisie et le dépôt du cahier des charges — 5o jours au moins entre son dépôt et sa publication (art. 694) — 5o jours au moins entre la publication et l'adjudication (art. 695).

n'est pas soumis à publicité. — Selon un auteur, ils ne pourraient s'exercer que tant que les immeubles qu'ils grèvent restent dans le patrimoine du débiteur ; ils ne survivraient pas, par conséquent, au jugement d'adjudication.

Le vendeur d'immeubles est investi d'une action résolutoire qui fera l'objet d'une étude spéciale, et d'un droit de rétention dont l'examen est réservé. Mais il jouit aussi d'un privilège qui se conserve par une inscription ou par la transcription de l'acte d'aliénation ; dans ce second cas, son privilège est révélé sur le registre des inscriptions par une inscription d'office.

La loi accorde au vendeur un délai de quarante-cinq jours depuis l'acte qui l'a dessaisi, pour opérer la publication de son titre, malgré la transcription opérée par un sous-acquéreur, auquel son acheteur a revendu l'immeuble. Cette faveur légale ne lui est ici d'aucune utilité ; car la saisie fût-elle pratiquée le jour même de la vente qu'il a consentie, et en vertu d'un commandement antérieurement signifié, il s'écoulera plus de soixante jours depuis le procès-verbal de saisie jusqu'au jugement d'adjudication, et trente à trente-cinq jours au moins entre l'adjudication et sa transcription. Son privilège sera donc ou définitivement éteint ou conservé et, dans ce cas, le droit de préférence en subsiste seul depuis l'adjudication. L'extinction

du privilège peut être opérée, si l'on adopte le système
consacré par plusieurs arrêts de cassation (1), par le défaut
de renouvellement de l'inscription d'office au bout de dix
années. Cette controverse, qui ne peut être ici qu'indiquée, est d'une importance assez grande, car, comme on
le verra, le sort de l'action résolutoire est, depuis la loi
du 23 mars 1855, lié à celui du privilège (2).

Deux propriétaires échangent deux fonds d'inégale
vendeur : l'un d'eux devient créancier d'une soulte contre
l'autre ; cette créance est-elle garantie par un privilège ?
Deux arrêts de la Cour de cassation l'ont admis (3). Ce
privilège est alors soumis aux mêmes règles que celui du
vendeur.

Un cohéritier obtient dans un partage un immeuble de
succession supérieur à sa part ; il devient débiteur d'une
soulte et un privilège garantit la créance de son cohéritier
(article 2103 § 3). Ses créanciers personnels saisissent
l'immeuble qui lui est attribué (s'ils le saisissaient avant
le partage, la saisie serait nulle en vertu de l'article 2205);

(1) Exemple : civ. 7 mars 1865. D. 65, I, 121.

(2) Le donataire dans l'opinion commune n'a pas de privilège pour
l'exécution de la charge imposée au donataire. V. Colmar 30 mai 1865,
Bordeaux 22 juillet 1890. D. v° *Privilèges et hypothèques*, supplément.
n° 206.

(3) V. D. 59. I, 196.-64, I, 191.

le cohéritier peut n'inscrire son privilège que dans les quarante-cinq jours du partage, mais cette faveur ne lui est
pas ici de plus d'utilité que celle qui est accordée au vendeur ; le privilège n'est-il inscrit qu'entre le quarante-
cinquième et le sixième jour ? il ne conserve qu'un droit
de préférence et le jugement n'a pas d'effet sur lui ; est-il
inscrit après le soixantième jour ? il dégénère en hypothèque conventionnelle ; est-il inscrit après la transcription ?
il ne prend pas naissance à l'égard des tiers.

Il est un cas, cependant, où ni le jugement ni sa transcription n'auront d'effet sur le droit du copartageant. Lorsque les créanciers d'un copropriétaire saisissent un immeuble indivis , les autres copropriétaires peuvent
exiger qu'il soit sursis aux poursuites jusqu'à ce que la
licitation ait précisé le droit de chacun d'eux. Mais ils peuvent aussi renoncer à invoquer l'article 2205, laisser l'expropriation suivre son cours, et produire à l'ordre ouvert
sur le prix d'adjudication. Il a été jugé que dans ce cas ils
seront colloqués, non pas à titre de créanciers privilégiés,
à raison d'une créance dérivant du partage, mais en vertu
d'un droit de propriété. Leur production à l'ordre n'est
par conséquent soumise à aucune inscription préalable. En
effet ils n'entrent pas en conflit avec les créanciers du
saisi, puisqu'ils ne sont pas créanciers de leur cohéritier ;
ils n'ont pas par conséquent à s'inscrire vis-à-vis d'eux. Ils
prélèveront sur le prix d'adjudication, *jure dominii*, une

part du prix correspondante à la quotité de leur droit dans
la succession, et le reste sera attribué aux créanciers du
saisi (1) dans l'ordre de leurs inscriptions.

Un débiteur vient à décéder laissant des immeubles ; un
créancier de son héritier, qui accepte la succession pure-
ment et simplement, saisit ces biens ; un créancier de la
succession inscrit, dans les six mois de l'ouverture de la
succession, le privilège de séparation des patrimoines, qui
a pour effet d'attribuer exclusivement à chaque masse de
créanciers les biens de leur débiteur ; il confère aux
créanciers du *de cujus* un droit de préférence sur les
créanciers de l'héritier. Mais leur donne-t-il, de plus, le
droit de suivre aux mains des tiers acquéreurs l'immeuble
de succession aliéné par l'héritier ? La jurisprudence l'af-
firme (2) et la doctrine ne l'admet pas (3). Supposons admis le premier système ; quel est l'effet de l'adjudication
sur le privilège ? Elle en purge le droit de suite. Quel est
l'effet de sa transcription sur un privilège non encore
inscrit ? Il est perdu s'il s'est écoulé plus de six mois
depuis l'ouverture de la succession. Si le délai de six mois
n'est pas expiré, les partisans du droit de suite admettent que l'inscription peut être prise nonobstant toute

(1) D. 58, 1, 220. Civ. 19 avril 1858.
(2) Argum. article 880 ; l'action peut être exercée tant que les immeubles existent dans la main de l'héritier.
(3) Req. 27 juillet 1870. D. 71. 1. 552.

transcription accomplie dans l'intervalle, c'est-à-dire qu'ils appliquent aux créanciers un système semblable à la faveur accordée au vendeur et au copartageant par l'article 6 de la loi du 23 mars 1855. — Cependant, il est douteux que l'on puisse reconnaitre l'application à ces créanciers, au point de vue du droit de suite, d'un délai de faveur que le Code édicte à leur profit dans une section uniquement réservée aux délais de conservation du droit de préférence (Section IV, titre 18, livre 3 : premiers mots de la section : « *Entre les créanciers*, les privilèges ne produisent d'effets, etc. »). Mais quel que soit le système adopté au cas de la survenance d'une transcription d'aliénation volontaire, celle du jugement d'adjudication arrête certainement le cours de l'inscription ; car la faveur d'une production à l'ordre sans inscription préalable est réservée aux incapables, et les textes démontrent (ce que l'on devait du reste prévoir) que la loi entend faire aux créanciers d'une succession une situation moins favorisée que celle des incapables, puisque ces derniers jouissent d'une dispense totale d'inscription, tandis que le droit des créanciers est subordonné à sa publicité.

Section III. — Purge des hypothèques
dispensées d'inscription et non inscrites

La partie de l'article 717 relative à la purge des hypothèques inscrites est l'œuvre de la loi du 2 juin 1841, mais
le principe qu'elle consacre n'a jamais été mis en doute
depuis les origines du droit français. Au contraire c'est
une loi relativement récente qui fixe les effets de l'adjudication sur les hypothèques légales des incapables non
inscrites, la loi du 21 mai 1858, la dernière de celles qui
modifient, quant au fond, les principes de la saisie immobilière.

Le décret forcé effaçait les hypothèques accordées aux
incapables comme toutes les sûretés réelles. — La loi du
11 brumaire an VII (articles 3 et 21) soumit à la nécessité
d'une inscription, qui les faisait rentrer dans le droit commun, les hypothèques légales des incapables (mineurs, interdits, absents, femmes mariées) ; l'article 2135 du Code
civil, au contraire, dispense d'inscription les hypothèques
existant au profit des interdits, des mineurs et des femmes
mariées.

Quel est alors l'effet du jugement d'adjudication sur ces
hypothèques occultes (si l'inscription en a été effectuée,
elles sont soumises aux mêmes règles que les hypothèques

inscrites), sur le droit de suite et le droit de préférence
qui s'y attachent ?

1°. — *Droit de suite.*

Deux solutions pouvaient être proposées : ou le jugement d'adjudication éteint le droit de suite et l'adjudicataire est mis à l'abri d'une saisie pratiquée par l'incapable
devenu capable ou par son représentant ; ou le droit de
suite continue à grever l'immeuble jusqu'à ce que l'adjudicataire en ait accompli la purge comme un acquéreur
volontaire et selon les formes spéciales établies aux articles 2193 à 2195 (chapitre IX du titre 18, livre 3) (1).

La Cour de cassation jugea tout d'abord que le droit
de suite est éteint par le jugement d'adjudication ; qu'en
effet le chapitre IX n'est qu'une sorte d'appendice du
chapitre VIII qui ne vise que la purge, sur aliénation
volontaire, des hypothèques inscrites, et n'a rien de
commun avec la purge qui résulte de l'expropriation

(1) Voici le résumé de cette procédure : le dépôt de l'acte translatif de propriété est effectué au greffe et signifie à la femme, au subrogé-tuteur du mineur ou interdit, et au Procureur de la République :
cette formalité est destinée à obliger les hypothèques occultes à se
révéler par une inscription ; puis on affiche dans l'auditoire du tribunal un extrait du titre translatif précisant les éléments du contrat
(noms des parties, désignation de l'immeuble et de ses charges, prix
de vente). Si dans un délai de deux mois les hypothèques ne sont pas
inscrites, l'immeuble en est libéré.

forcée ; que, d'ailleurs, les longues et multiples formalités
de cette procédure suffisent à attirer l'attention des incapables ou de leurs représentants (1). Ce système avait été
adopté par plusieurs Cours d'appel et confirmé encore le
26 juillet 1831 par un arrêté de la Chambre des requêtes.

Le 22 juin 1833 (2) un arrêt des Chambres réunies ;
inaugura une jurisprudence entièrement opposée ; il
déclare que, le Code de procédure civile gardant le silence
sur les hypothèques légales, c'est dans le Code civil qu'il
faut chercher les règles qui leur sont applicables ; que,
d'ailleurs, rien dans les termes du chapitre IX, n'autorise
à dire que ce texte ne vise que la purge sur aliénation
volontaire ; qu'enfin la protection légale, dans le système
opposé, deviendrait illusoire, et que la dispense d'inscription tournerait contre les incapables. En effet (et cette
idée est surtout développée dans l'arrêt de la Cour de
Lyon du 11 mars 1831 que confirme la Cour suprême),
« le caractère essentiel de la purge de l'hypothèque est
« bien moins dans la publicité que dans l'interpellation
« directe et personnelle faite au créancier et au ministère
« public, d'inscrire des créanciers jusqu'alors dispensés
« de la formalité de l'inscription ; et aucune formalité de

(1) V. civ., 21 novembre 1821. D. v°, *Privilèges et hypothèques*,
n° 2200.
(2) D. *cod.*, v°, n° 2201. — V. aussi, *ibid.*, l'arrêt de la Cour de
Lyon du 11 mars 1831.

« la saisie ne peut équivaloir à cette publicité indivi-
« duelle. » En effet, tandis que les créanciers inscrits
recevaient une dénonciation du placard qui pouvait les
avertir des poursuites (quoiqu'elle ne contînt pas encore
comme les sommations de la loi de 1841 une sommation
d'assister à la lecture du cahier des charges et de prendre
à sa rédaction une part active), aucun avertissement
individuel n'était adressé aux créanciers à hypothèque
légale, d'ailleurs inconnus.

Deux autres arrêts de la Cour suprême, rendus au cours
de la même année, et quatre de ses décisions, datées de
l'année 1834, confirmèrent ce système nouveau.

Quelques années après s'ouvrirent les travaux législa-
tifs qui devaient aboutir à la loi du 2 juin 1841. En même
temps qu'ils perfectionnaient la publicité individuelle
adressée aux créanciers inscrits, en précisant l'avertissement qui leur était donné, il parut naturel aux rédacteurs
du projet de loi, d'étendre aux créanciers à hypothèque
légale ce système de publicité supérieur, d'y attacher
l'effet de la purge, et d'accroître ainsi les offres des enchérisseurs en diminuant leur chance d'éviction, ou en
supprimant les frais d'une purge sur aliénation volontaire
qui devenait nécessaire depuis la nouvelle jurisprudence (1).

(1) V. Rapport de M. Persil à la Chambre des Pairs, n° 24 et 25.
D. v° *Vente publique d'Immeubles*, p. 565 et s.

La Chambre des Pairs repoussa cette réforme pour plusieurs motifs. Cette question, touchant le fond du droit, ne pouvait être traitée que par un texte modifiant le Code civil, et non par une loi de procédure (M. Persil (1) faisait remarquer cependant que le nouveau texte relatif à la saisie immobilière rencontre et résout les questions de fond les plus graves : la capacité du saisi, la purge des hypothèques inscrites, l'étendue des droits transmis à l'adjudicataire). — Cependant la commission de la Chambre des députés se rangea à l'avis de la Chambre des Pairs pour deux autres raisons (2) ; en obligeant le poursuivant à opérer la purge des hypothèques légales, en même temps que celle des hypothèques inscrites, on augmente le chiffre des frais et on diminue les offres des enchérisseurs ; tandis que si la purge des hypothèques occultes est une faculté pour l'adjudicataire, il s'en dispensera s'il sait être, de ce côté, à l'abri de toute éviction, grâce à ses renseignements personnels.

Et surtout on s'aperçut que la publicité individuelle n'avait plus ici l'efficacité qu'elle puise, lorsqu'il s'agit des créanciers inscrits, dans le registre public des inscriptions : aucun document légal ne renseigne le poursuivant sur l'existence, sur le domicile des incapables ; et cet argu-

(1) *Ibid.*

(2) Rapport de M. Pascalis à la Chambre des députés. D. v°, *Vente publique d'Immeubles*, n° 114, p. 575.

ment, qui parait décisif, garde encore toute sa valeur.

La réforme fut donc écartée et la jurisprudence de la Cour de cassation maintenue. La même année, cependant, l'article 17 de la loi du 3 mai 1841 venait de décider, au cas d'expropriation pour cause d'utilité publique :
« Dans la quinzaine de la transcription (du jugement « d'expropriation), les privilèges et hypothèques judi- « ciaires, conventionnelles et légales, seront inscrits ; à « défaut d'une inscription dans ce délai, l'immeuble « exproprié sera affranchi de tous privilèges et hypo- « thèques de quelque nature qu'ils soient... »

2°. — Droit de préférence.

Restait une seconde question ; le droit sur le prix de l'immeuble adjugé est-il perdu pour les incapables en même temps que le droit de suite, par l'effet de l'événement qui arrête le cours des inscriptions (adjudication jusqu'en 1855, transcription du jugement depuis), ou peut-il être exercé malgré le défaut d'inscription ? en un mot, si le droit de suite est sacrifié à l'adjudicataire, le droit de préférence est-il lui-même anéanti en faveur des autres créanciers ?

La Cour de cassation se prononça dès les premières années du Code civil pour l'extinction absolue du droit de préférence, de même qu'elle avait tout d'abord admis la purge du droit de suite. Mais sur cette question sa jurisprudence resta immuable (1).

L'argument invoqué par la Cour est la situation du créancier à hypothèque légale qui, dans le cas de purge sur aliénation volontaire, n'a pas révélé son droit par une inscription prise dans les deux mois de l'exposition du contrat ; l'article 2180 déclare que dans ce cas les hypothèques *s'éteignent*, c'est-à-dire, déclarent les arrêts, que le double effet de l'hypothèque est anéanti.

La plupart des Cours d'appel, au contraire, estimaient que la femme ou l'incapable conserve, malgré le défaut d'inscription, le droit d'être colloqué sur le prix s'il se présente de lui-même à l'ordre ; les arrêts remarquent, avec raison, que l'incapable n'a pas reçu, dans ce cas, les notifications individuelles qui lui sont adressées en vertu de l'article 2194 au cas de purge sur aliénation volontaire (2).

Mais le droit de préférence est-il lui-même éteint s'il

---

(1) V. D. v° *Privilèges et hypothèques*, civ., 11 août 1829 ; décidé que le subrogé-tuteur qui n'a pas inscrit à temps l'hypotèque du mineur ne peut ni requérir l'ouverture de l'ordre, ni faire valoir dans un ordre ouvert la créance de l'incapable. — Cf. civ., 30 août 1825. Il est vrai que dans ce second cas il y avait une raison d'utilité extrêmement forte pour rejeter la demande de collocation ; elle n'a été formée qu'après la distribution du prix aux créanciers inscrits et la clôture de l'ordre.

(2) Toulouse, 6 décembre 1824. D. v° *Privilèges et Hypothèques*, n° 2203.

n'a pas été exercé avant la clôture de l'ordre? La nécessité de ne pas laisser en suspens le droit des créanciers colloqués tant que la créance de l'incapable ne serait pas prescrite, décida de nombreux arrêts à l'affirmative (1).

La Cour de Cassation persista, cependant, dans son système peu favorable aux incapables, et consacra sa jurisprudence par un arrêt rendu, toutes chambres réunies, le 23 février 1852 (D. 52, I, 40), et deux décisions postérieures furent rendues dans le même sens. (Req. 5 juin 1855, D. 55, I, 388. — Req. 1er juin 1859, D. 60, I, 381.)

Cette solution paraissait cependant peu logique, puisque, dans le cas de purge sur aliénation volontaire l'extinction du droit de préférence des incapables résultait d'une sommation individuelle qui venait les frapper à leur domicile, tandis qu'au cas d'expropriation forcée la publicité collective donnée à la saisie semblait suffisante à les atteindre. — De plus, alors qu'un avertissement individuel, perfectionné par la loi de 1841, devenait nécessaire pour priver les créanciers inscrits de leur droit de suite, comment, sans une grave injustice, dépouiller des incapables, qui ont droit à la faveur légale, de l'attribut essentiel d'une hypothèque que leur confère la loi elle-même, le droit de préférence sur le prix, alors que rien n'a été

(1) Même arrêt. — Cf. Montpellier, 2 juin 1840, *ibid.* (motifs). — Toulouse, 1er juillet 1828, cité partiellement. D. v° *Privilèges et Hypothèques*, n° 2205.

fait pour les avertir de l'expropriation qui menace leur gage ?

La loi du 21 mai 1858 fit justice de ce système et confirma la jurisprudence des cours d'appel. Si le droit de suite est éteint par l'effet de l'adjudication, comme celui des créanciers inscrits, le droit de préférence survit au profit des incapables si la collocation est demandée avant la clôture de l'ordre (au cas d'ordre amiable) ou dans les quarante jours de la sommation de produire qui est faite aux créanciers inscrits, dans le cas d'ordre judiciaire (article 754). C'est ce que décide le dernier paragraphe de l'article 717, qui est l'œuvre de la loi du 21 mai 1858.

D'autre part, la purge du droit de suite et l'extinction, après un certain délai, du droit de préférence, ne sont plus que la conséquence d'une sommation individuelle adressée à l'incapable ou à son représentant, lorsque le poursuivant en connait l'existence d'après son titre. Cette sommation avertit le titulaire de l'hypothèque légale d'avoir à la révéler avant la transcription du jugement, et de prendre connaissance du cahier des charges. L'hypothèque est-elle inscrite, le jugement en purge le droit de suite. Ne l'est-elle pas ? l'incapable conserve cependant le droit de produire dans les délais indiqués ci-dessus (1).

(1) La même loi, en réformant l'article 772, accorde aux mêmes créanciers, dans le cas de purge sur aliénation volontaire, un droit

Le droit pour les créanciers à hypothèque légale de ne se révéler qu'au cours de l'ordre est une faveur dont l'application est réservée aux incapables. Quelques observations sont ici nécessaires.

1° La dispense d'inscription ne cesse qu'un an après l'événement qui met fin à l'incapacité (art. 8 loi 23 mars 1855); l'ex-mineur, l'ex-interdit, la femme veuve ou divorcée pourront donc produire sans avoir inscrit leur hypothèque si l'adjudication prononcée contre le mari ou le tuteur a été transcrite moins d'une année depuis la majorité, la levée de l'interdiction, la mort du mari ou le divorce.

L'adjudication a-t-elle été transcrite après ce délai? l'hypothèque légale est alors devenue une hypothèque conventionnelle, assujettie à la nécessité de l'inscription, tant au point de vue de la conservation du droit de suite (1) que du droit de préférence (2) et à l'obligation du renou-

analogue ; malgré leur défaut d'inscription dans les quarante jours de l'exposition du contrat, ils conservent l'exercice du droit de préférence à condition qu'un ordre soit ouvert dans les trois mois qui suivent l'expiration de ce délai; eux-mêmes peuvent d'ailleurs en provoquer l'ouverture.

(1) V. par analogie les décisions rendues dans des cas voisins où l'inscription est devenue impossible par la survenance d'un des événements indiqués dans l'article 2146; *faillite :* D. 71, II, 99. — 68, I, 398. — Lyon, 19 août 1871, D. 72, V. col. 270. — *Acceptation bénéficiaire; déclaration de succession vacante ;* D. 63, II, 1 ; Paris, 24 juillet 1863.

(2) Paris, 24 juillet 1863, D. 63, II, 1. — Caen, 27 janvier 1870,

vellement décennal (1) jusqu'au jugement d'adjudication
qui lui fait produire son effet légal.

Si elle n'est pas inscrite avant la transcription du jugement, elle est anéantie. Cependant on a soutenu que la
dispense subsistait si l'incapacité prenait fin par la mort
de l'incapable et s'il laissait pour héritiers des mineurs ou
des incapables ; mais la jurisprudence n'admet pas cette
restriction (2). — L'hypothèque a-t-elle été publiée à
temps, l'adjudication la réduit à un droit de préférence,
dort le rang est plus ou moins élevé selon que l'inscription a été prise dans l'année (elle conserve alors le rang
privilégié que lui donne la loi) ou plus tard (elle prend
rang à sa date) ; mais c'est là une question qui ne touche
que les intérêts des créanciers et le règlement de l'ordre.

2° La transcription de l'adjudication arrête l'inscription
de l'hypothèque légale de la femme par un subrogé, ou
la mention de la subrogation consentie à un tiers en
marge de l'inscription déjà effectuée (art. 9 loi 23 mars
1855). Cependant, lorsque la subrogation a été consentie
avant l'adjudication, le tiers peut-il produire à l'ordre en

D. 71, II, 99. Lyon, 19 août 1871, D. 72, V, col. 270 (mêmes arrêts
que ci-dessus).

(1) Aix, 10 janvier 1861, D. v° *Privilèges et Hypothèques*, Suppl.
n° 1154.

(2) V. arrêts cités D. v° *Privilèges et Hypothèques*, Suppl. n° 1141.

vertu de l'hypothèque non inscrite? Il semble que non.
Cependant il a été jugé que la dispense d'inscription, tant
qu'elle existe au profit de la femme, profite au subrogé.
La décision est un arrêt de la Chambre civile du 14 décembre 1863 (1). — Dans un autre système, la dispense
d'inscription étant réservée à l'incapable, le subrogé ne
pourrait exercer l'hypothèque de la femme qu'en vertu
de l'article 1167, et partagerait le montant de la collocation qui lui est attribuée avec tous les créanciers de la
femme.

Suivant plusieurs auteurs, la transcription d'une aliénation volontaire n'arrête pas le cours des subrogations.
tandis que la transcription du jugement d'adjudication a
certainement cet effet La loi du 23 mars 1855 cependant
décide [art. 3] que toute aliénation peut être opposée aux
tiers qui ont acquis des droits sur l'immeuble et ne les
ont pas conservés, depuis qu'elle est transcrite. Or le subrogé est un tiers puisque la conservation de son droit est
soumise à la nécessité d'une inscription (art. 9, loi 23 mar$_s$
1855). (Voir sur cette controverse D. v° *Privilèges et hy
pothèque*. Supplément n° 534.)

---

(1) D. 64, I, 111. Il est vrai que, dans l'espèce, le subrogé produit
en vertu d'une hypothèque conventionnelle qui lui est propre, qui
contient l'acte de subrogation et qui est inscrite; puis il forme à l'appui de l'hypothèque de la femme restée non inscrite une demande
générale de collocation.

Le droit de préférence qui survit au profit de la femme au jugement d'adjudication peut-il faire l'objet d'une cession ? Oui, mais ce droit ne peut être exercé que tant que la femme pourrait elle-même l'exercer, c'est-à-dire dans les délais de l'art. 717; l'inscription postérieurement prise par un subrogé (ou la mention de la subrogation en marge de l'inscription déjà effectuée) est donc sans effet.

Mais ce qui survit au jugement d'adjudication (ou, selon le système de la jurisprudence, à sa transcription), ce n'est pas une hypothèque, c'est une créance privilégiée sur le prix d'adjudication; la cession du droit de préférence n'est donc pas une subrogation; ce n'est pas, par conséquent, par une inscription ou une mention que le subrogé doit la rendre publique; il devra la signifier à l'adjudicataire, en conformité de l'art. 1690, afin de la rendre opposable soit à lui-même (il ne pourra se libérer valablement qu'aux mains du subrogé), soit à des cessionnaires postérieurs. La loi de 1855 exige la publicité de la subrogation à l'hypothèque de la femme; mais elle ne peut s'appliquer au cas de la cession de sa créance privilégiée (1).

La femme mariée peut renoncer aux conditions établies par la loi du 13 février 1889 à son hypothèque légale au profit d'un acquéreur du mari. La loi cependant n'accorde

____

(1) V. dans ce sens Civ. rejet, 6 juin 1887. D. 88, I, 55.

à cette renonciation que l'effet d'éteindre le droit de suite : elle laisse subsister son droit de préférence au cas où un ordre s'ouvrira sur le prix de l'immeuble, les autres créanciers du mari l'ayant saisi sur l'acquéreur. La situation de cette femme n'est pas sans analogie avec celle de la femme qui n'a pas inscrit son hypothèque légale avant la transcription du jugement d'adjudication, et qui conserve, elle aussi, un droit de préférence sur le prix. Dans le projet primitif, il avait été même question de subordonner l'exercice de son droit, aux conditions de l'art. 717 *in fine*. Cette solution ayant été repoussée, une différence subsiste donc ; la femme renonçante peut exercer, pendant trente ans, son droit de préférence ; de plus, ce droit survit même à l'ordre dans lequel la femme n'a pas été appelée ; et l'acquéreur ne se libère de son prix que s'il le verse à la femme elle-même ou, en sa présence et avec son consentement, aux autres créanciers du mari (1. 1889 § 4) ; tandis que la femme du saisi ne peut inquiéter ni l'adjudicataire, ni les créanciers colloqués si elle n'a produit dans les délais de l'art. 717.

La loi du 21 mai 1858 édicte donc en faveur des incapables une double mesure : 1° Elle les avertit indiuellement d'avoir à inscrire leur hypothèque avant la transcription de l'adjudication et de participer à la procédure de saisie et à l'aliénation judiciaire de leur gage:

2° leur hypothèque n'a-t-elle pas été révélée, elle peut se révéler encore à une époque où une hypothèque conventionnelle serait radicalement nulle, et le principe de l'art. 3 de la loi du 23 mars 1855 fléchit en sa faveur ; mais elle ne frappe plus que le prix d'adjudication, et cette dernière ressource ne peut être mise à profit que dans un court délai. Deux déchéances successives atteignent donc, le plus souvent à quelques semaines de distance, la sûreté réelle que le législateur a cependant lui-même créée pour les incapables ; le droit de suite est sacrifié à l'adjudicataire, et le droit de préférence ne tardera pas à l'être aux créanciers ; ainsi l'exige le crédit immobilier. Mais ce n'est pas là le véritable danger ; le vice du système, c'est l'absence de tout indice légal qui révèle au poursuivant l'existence et le domicile des incapables. Tandis que le registre des inscriptions lui fait au moins connaitre les créanciers hypothécaires du saisi, il n'a, pour sommer les créanciers à hypothèques légales, que les indications que lui fournit le hasard. Son titre de créance se trouve-t-il révéler que son débiteur a contracté mariage ou qu'il a rempli les fonctions de tuteur ? il doit alors rechercher dans les actes de l'état civil le nom et l'âge de l'incapable, et dans les affiches apposées dans l'auditoire des tribunaux ou dans les études de notaires les arrêts prononçant l'interdiction ou en ordonnant la mainlevée (art. 501 et 512 Code civil). Mais comment

saura-t-il où il doit retrouver cet acte d'état civil ou cette
décision judiciaire? et comment l'idée de faire des recherches lui viendrait-elle, dans le cas où son titre ne ré-
vèlerait pas fait du mariage ou de la tutelle?

Aussi la disposition de l'article 717 est-elle peut-être
tout autre chose qu'une faveur, et peut-être le législateur,
reconnaissant combien la publicité individdelle, en ce qui
concerne les incapables, est imparfaite et hasardeuse,
a-t il cherché à compenser cette imperfection en prolon-
geant le délai pendant lequel leur droit de préférence peut
être exercé. Il est certain, en tout cas, que le but n'est pas
atteint et que les créanciers inscrits sont dans une situa-
plus favorable que les incapables; car, si l'incapable n'a
pu être sommé parce qu'il était inconnu, il est peu probable que la publicité collective de la saisie l'atteigne davantage, et qu'il se révèle à l'ordre dans les délais de
l'art. 717. Il se trouve, comme il arrive parfois, que la
faveur de la loi se retourne contre celui qu'elle cherche à
protéger; et l'incapable trouverait dans l'application du
droit commun de plus sûres garanties; en assujettissant
son hypothèque à la formalité de l'inscription, le législateur ferait plus pour lui qu'il n'a fait dans l'art. 717.

Section IV. — Extinction de l'action résolutoire du vendeur.

La loi du 2 juin 1841, soumet le privilège des précédents vendeurs au même effet extinctif que les autres sûretés réelles. Mais, s'engageant dans une voie toute nouvelle, elle prononce également la déchéance de l'action résolutoire qu'un vendeur peut exercer en vertu de l'article 1654 (qui n'est lui-même qu'une application de l'article 1184) pour défaut du prix de l'immeuble.

Sous l'empire du Code civil, tout vendeur d'immeuble pouvait pendant trente ans exercer contre un acquéreur ou un sous-acquéreur la résolution de son contrat ; il était censé être toujours resté propriétaire de l'immeuble et les droits réels consentis par son acquéreur en faveur d'un tiers, un acheteur par exemple, étaient anéantis ; l'adjudication prononcée à la suite d'une saisie sur un des acquéreurs successifs ne mettait pas l'adjudicataire à l'abri d'une action dont l'existence était restée occulte et dont le titulaire n'avait pu être averti de la mise en œuvre des poursuites. Le privilège en effet était seul soumis à publicité et s'il n'avait pas été révélé avant l'adjudication (ou sa transcription depuis 1855) l'action résolutoire restait au vendeur comme une dernière ressource. Si le privilège avait été conservé, le vendeur l'exerçait d'abord en produisant à l'ordre (surtout s'il ne lui était encore dû qu'une somme peu élevée) puis, s'il n'obtenait pas une collocation suffisante pour être désintéressé (et dans le cas où son prix lui était encore dû en entier, ce cas devait être fréquent, car les immeubles vendus en justice subissent toujours une dépréciation notable, ne fût-ce qu'à raison des frais de la saisie que l'adjudicataire doit payer en sus de son enchère), il se payait en nature et il exerçait l'action résolutoire. La plupart des arrêts, du moins, déclaraient que la production à l'ordre ne valait pas renonciation tacite au droit de résolution, et une clause expresse pouvait **le** réserver (1); on admettait seulement que si le **vendeur avait** lui-même poursuivi l'expropriation, il était censé renoncer à son action résolutoire (2).

Aussi les adjudicataires n'offraient-ils qu'un prix peu élevé, en considération des risques à courir. Tandis qu'un acquéreur volontaire n'achète que si son vendeur lui démontre qu'il s'est libéré envers son auteur, l'adjudicataire n'est pas mis en présence du saisi, qui souvent se cache et refusera de fournir soit à lui, soit au poursuivant, des

____

(1) V. Req., 16 mars 1840. D. v° *Privilèges et hypothèques*, n. 1542, et les autres arrêts cités à ce n°. — Cf. D. 47, 1.282. — 46, II. 92. — *Contra*, les arrêts plus anciens relatés n° 1541.

(2) V. D. 45. IV. 521. — V. même Req., 50 juillet 1854. D. *loc. cit.* n. 1547, qui reconnaît au vendeur l'action résolutoire lorsque ce n'est pas lui, mais son créancier, qui a poursuivi l'expropriation, sans qu'il en ait été légalement averti.

renseignements sur les précédents vendeurs et les droits
qu'ils ont conservés. Cependant l'adjudicataire acquiert
sous la foi de la justice, et sur son invitation ; aussi a-t-on
pu dire que sa dépossession est dans ce cas une véritable
surprise judiciaire dont la loi est complice (1). Il était équitable, sans doute de lui permettre la suspension du paiement de son prix, et le tribunal devait refuser dans ce cas
de le déclarer fol enchérisseur, si l'action résolutoire se
manifestait avant sa libération (article 1653) ; mais si elle
s'exerçait postérieurement, il ne lui restait qu'un recours
illusoire contre le saisi, et un droit de répétition contre les
créanciers, peut-être devenus eux-mêmes insolvables.

Le législateur de 1841 s'attaque à l'effet réel de l'action
résolutoire ; elle peut atteindre encore l'immeuble en
quelques mains qu'il soit passé (et ce principe recevra
bientôt, dans la loi du 23 mars 1855, une restriction importante), si les mutations successives dont il a été l'objet
ont été volontaires ; mais se trouve-t-il, dans le nombre,
une aliénation forcée ? ni l'adjudicataire ni ses ayants-cause
ne pourront être inquiétés par un précédent vendeur impayé ; le jugement d'adjudication a purgé son action résolutoire (2).

(1) Rapport de M. Persil à la Chambre des Pairs, n. 45. D. v° *Vente
publique d'Immeubles*, p. 568, col. 2.

(2) Le Code civil lui-même avait porté atteinte au principe de l'effet
réel de l'action résolutoire, en décidant que la révocation d'une donation pour ingratitude ne préjudicierait pas aux acquéreurs dont l'acte

Ce principe fut admis sans difficulté par les deux Chambres; d'ailleurs une garantie semblable à celle qui justifie la purge des hypothèques dont les créanciers ont été sommés, fut introduite par l'article 692, et le vendeur impayé dont le droit de résolution est révélé par l'inscription de son privilège est sommé d'avoir à former sa demande en résolution et de la notifier au greffe avant l'adjudication. Il sera alors accordé un sursis, pendant lequel la question de validité de cette demande sera tranchée; le tribunal donne-t-il gain de cause au vendeur? la saisie tombe et l'adjudication n'a pas lieu ; repousse-t-il sa prétention? l'adjudication est prononcée, et l'adjudicataire est à l'abri de l'action résolutoire. — Un amendement tendant à en accorder l'exercice au vendeur jusqu'à la clôture de l'ordre, s'il en avait fait réserve dans le cahier des charges, fut repoussé; en effet, le vendeur ayant été lié à la poursuite, prend une part active à la transmission de propriété qu'opère l'adjudication, et l'on doit présumer qu'il a opté pour le privilège attaché à sa créance et a renoncé à l'action résolutoire; sa présence aux poursuites ne pourrait s'expliquer autrement (1).

d'acquisition est antérieur à l'inscription de la demande en marge de l'acte de donation transcrit, article 958. — De plus, les lois du 7 juillet 1833 et du 3 mai 1841 (article 18), déclarent éteintes les actions réelles non exercées avant le jugement d'expropriation pour cause d'utilité publique.

(1 Persil. *Rapport* à la Chambre des Pairs. D. *Vente publique d'Immeubles*, n° 181, page 582, col. 2.

La purge de l'action résolutoire, ayant sa raison d'être dans l'avertissement adressé au vendeur, dont le privilège est inscrit, n'a pas lieu s'il ne lui est pas adressé, quoiqu'il soit connu du poursuivant, et même, selon certains auteurs, s'il ne contient pas la sommation spéciale relative à la notification de la demande en résolution et à son extinction imminente (1). — L'article 2198 est ici également appliqué.

L'action ne doit pas seulement être notifiée mais jugée avant l'adjudication (2). Cependant, si malgré la notification faite au greffe un sursis n'a pas été accordé à l'adjudication, l'action du vendeur n'est pas purgée (3), sauf le recours de l'adjudicataire évincé. — Si l'action intentée avant l'adjudication n'a pas reçu de solution à ce jour, le tribunal peut accorder un nouveau sursis pour causes graves et dûment justifiées (article 717); mais que décider s'il ne l'a pas accordé? L'article 717 étant formel, l'adjudication a éteint l'action du vendeur. Cependant, par des motifs d'équité, on pourrait ajouter à la collocation du vendeur qui produit à l'ordre en vertu de son privilège le montant des frais qu'il a inutilement exposés.

(1) V. sur ces points, Rouen, 30 mars 1895, D. 95, II. 209 et la note. Cet arrêt a été l'objet d'un pourvoi rejeté le 17 avril 1896 (*Gaz. des Trib.*, 8 avril 1896).

(2) Paris, 26 juillet 1895. D. 94, II, 564.

(3) Paris, 26 juin 1852. D. 54, V. col. 681. — Comment cette erreur est-elle possible et qui en est responsable? V. D. v° *Vente publique d'Immeubles*, n° 1205.

La déchéance de l'article 717 frappe même les incapables, car un amendement introduit dans le but d'insérer une exception en leur faveur fut repoussé sans être mis aux voix.

L'article 692 déclare que le vendeur est déchu du 'droit de faire prononcer la résolution *à l'égard de l'adjudicataire*. Ce dernier peut donc renoncer au bénéfice de la loi et délaisser au vendeur la propriété de l'immeuble. L'article n'est pas établi en faveur du saisi; ce dernier ne sau donc prétendre que la demande en résolution formée par le vendeur avant l'adjudication, mais non notifiée au greffe, est irrecevable (1); — de même les créanciers hypothécaires que l'éviction de l'adjudicataire expose à son action en répétition du prix, ne peuvent invoquer cependant la déchéance du vendeur. — Ainsi, la résolution est-elle exercée et accueillie par le tribunal après la première adjudication, mais sur une surenchère du sixième et avant l'adjudication sur surenchère? Cette décision ne peut être attaquée par les créanciers hypothécaires si l'adjudicataire déclare s'en rapporter à justice sur son bien fondé (2).

L'action résolutoire n'est subordonnée, directement, à aucune condition de publicité. Mais depuis la loi du 23 mars

(1) Req., 7 mars 1854, D. 54, I. 245.
(2) Civ. 6 juin 1860, D. 60, I. 268.

1855, elle ne peut être intentée que si le privilège du vendeur estlui-même conservé (article 7). Or, ce privilège ne
peut être inscrit que jusqu'à la transcription du jugement
d'adjudication. L'action résolutoire ne peut donc être exercée
après cette date si le privilège n'a pas été publié, et l'adjudicataire fût-il disposé à se laisser évincer, les créanciers inscrits n'en pourront pas moins opposer au vendeur
la déchéance de son droit. Mais dans le cas où ces créanciers ne mettent pas obstacle à son exercice (par exemple :
ils ont été directement désintéressés par le saisi), la résolution peut être exercée malgré l'opposition des créanciers
chirographaires qui avaient l'espoir de se partager le reliquat du prix d'adjudication. Car l'extinction de l'action
résolutoire ne peut être invoquée que par les tiers qui
ont acquis des droits sur l'immeuble du chef de l'acquéreur (le saisi) et les ont conservés en se conformant aux
lois, c'est-à-dire par les créanciers hypothécaires inscrits.
A l'égard de tous autres que ces tiers, l'article 1654 conserve son plein effet et le principe : *Resoluto jure dantis,
resolvitur jus accipientis*, reste debout (1).

Ainsi, tandis que les actions réelles immobilières, dont
l'effet est de résoudre la propriété des tiers acquéreurs, ne
sont pas purgées, en principe, par le jugement d'adjudica-

(1) Cf., les arrêts rendus dans le cas où d'autres événements arrêtent le cours des inscriptions (jugement déclaratif de faillite, succession vacante). Exemple : D. 61, 1. 105.

tion, l'action résolutoire du vendeur ne survit pas à l'aliénation forcée. Cette action étant la cause d'éviction la plus fréquente qui menace les sous-acquéreurs, l'adjudicataire était exposé, de ce côté, à un danger d'autant plus grave, que jamais il ne pouvait acquérir la certitude que le saisi et ses auteurs avaient soldé le prix de leur acquisition. — Mais ce n'est pas uniquement pour cette raison d'utilité pratique que l'extinction de l'action résolutoire a été décidée, presque sans débat. La résolution pour défaut de paiement du prix au terme fixé est une condition dont on peut dire, à un moment donné, si elle est accomplie ou défaillie, puisqu'une date a été fixée pour la libération de l'acheteur. La plupart des autres conditions résolutoires qui ont été passées en revue, au contraire, sont subordonnées à l'accomplissement d'un événement dont la survenance n'est pas fixée par une date, et qui pourra même ne jamais s'accomplir : ainsi, la révocation d'une donation pour survenance d'enfant, pour ingratitude, donne naissance à une action résolutoire: mais cette action s'ouvrira-t-elle jamais au profit du donateur ? on ne saurait le dire à l'avance, et c'est un terme incertain (la mort du donateur dans le cas de survenance d'enfant ; celle du donataire ou du donateur dans le cas d'ingratitude), qui mettra seul obstacle à la naissance du droit de résolution. On comprend qu'une action dont l'ouverture est subordonnée au hasard ne puisse être purgée par le jugement d'adjudication.

Il en devrait être autrement dans le cas où un terme a
été fixé à l'avance pour l'accomplissement de la charge
ou de la condition imposée au donataire ou à l'acquéreur
par la convention des parties ou sous-entendue par la loi.
Cependant, on a vu que l'action du donateur n'est pas
purgée par le jugement d'adjudication ; mais la raison en
est dans l'effet tout spécial de la saisie sur le droit du vendeur impayé. Le prix de la vente est-il déjà exigible ?
l'action du vendeur a donc déjà pris naissance. Un terme
a-t-il été par lui accordé au saisi ? la saisie emporte la
déchéance des délais accordés au débiteur (art. 124 du
Code de procédure civile). Sans doute ce texte ne vise que
le terme de grâce accordé par le juge ; mais à défaut de
cet article, on peut invoquer l'article 1188 du Code civil,
qui prive le débiteur tombé en déconfiture du bénéfice du
terme conventionnel. — On ne pourrait donc, dans
aucun cas, soutenir que le jugement d'adjudication éteint
l'action du vendeur avant qu'elle ait pris naissance,
puisque la saisie en ouvre l'exercice ; tandis que l'action
du donateur ne prendra naissance qu'à défaut de l'accomplissement d'une clause de la donation dont l'exécution
peut avoir été fixée à une date postérieure à l'adjudication.

Si l'auteur du saisi doit encore son prix d'acquisition à
son vendeur, et si le terme qui lui est accordé n'est pas
exposé au jour de l'adjudication, l'adjudication dépouille-

t-elle le vendeur originaire de son action résolutoire ? Il serait peu équitable de l'admettre, puisqu'elle n'a pu être encore exercée (1). Toutefois, si l'acheteur savait, en vendant l'immeuble au saisi, qu'il le transmettait à un insolvable, il a diminué les sûretés qu'il avait données à son créancier, et ce dernier peut agir en résolution sans attendre l'expiration du délai qu'il lui a accordé (art. 1188).

La déchéance de l'article 717 ne s'applique qu'à la condition résolutoire attachée au défaut de paiement du prix ; les motifs qui ont été donnés de cette disposition, ne permettent pas de l'étendre aux conditions résolutoires qui sont l'œuvre de la convention des parties ; d'ailleurs, les déchéances sont de droit étroit. — D'ailleurs, l'article 717 éteint l'action résolutoire lorsqu'elle naît de l'inexécution d'une convention accessoire du prix. (Exemple : Un propriétaire de terrains dans une ville a vendu le premier lot au saisi, à des conditions avantageuses, mais à charge d'y bâtir un hôtel.)

L'action résolutoire du coéchangiste créancier d'une soulte et non payé est également purgée par l'adjudication ; sa situation est analogue à celle du vendeur et il est

____

(1) En pareil cas, le tribunal surseoira à l'adjudication jusqu'à ce que le terme soit expiré.

soumis, en principe, aux mêmes règles (art. 1707). Le
droit de résolution, dans l'un et l'autre cas, est une véritable sûreté réelle qui garantit le paiement d'une créance,
au même titre que le droit hypothécaire ; seulement, il
aboutit, non pas à une collocation dans un ordre ouvert
sur un prix, mais à la reprise du droit de propriété et à un
véritable paiement en nature.

Le créancier que le vendeur a subrogé à son droit sur
le prix a la faculté, soit de produire à l'ordre, soit d'ex-
cercer la résolution (1), mais l'action est purgée à son égard
par l'adjudication, comme elle l'est à l'égard du vendeur.

L'immeuble adjugé a été vendu au saisi à charge de
rente viagère, et les arrérages n'ont pas été payés. L'article 1.978 donne, dans ce cas, au crédi-rentier le droit,
non de résilier le contrat (à moins d'une clause expresse),
mais de saisir l'immeuble et de faire ordonner, sur le prix
d'adjudication l'emploi d'une somme suffisante au service
de la rente. — Dans le cas où l'immeuble a été saisi par
les créanciers hypothécaires (la constitution de la rente
viagère ne prive pas l'acheteur du droit d'hypothéquer ; ce
n'est pas là un cas où la résiliation pourrait être demandée
en vertu de l'article 1.977 pour diminution des sûretés
stipulées) (2), le crédi-rentier peut de même exiger qu'il

(1) V. D. 58, II. 177.
(2) 23 avril 1853, D. 55, II 351.

soit laissé aux mains de l'adjudicataire, par les créanciers hypothécaires, somme suffisante pour le service des arrérages (1). Cependant les créanciers peuvent obtenir que l'adjudicataire verse ce prix qui leur appartient, en donnant au crédi-rentier des sûretés pour le service de la vente (2), mais l'adjudicataire ne peut exiger qu'ils retirent le capital et doit le conserver pour effectuer lui-même le service des arrérages (3).

SECTION V. — EFFET DE L'ADJUDICATION SUR LE DROIT DE RÉTENTION

Le droit de rétention peut exister sur un immeuble soit au profit d'un vendeur, soit au profit d'un créancier antichrésiste.

1°. — *Vendeur*.

Dans les ventes sans terme, le vendeur n'est pas obligé de se dessaisir de l'objet vendu, si l'acheteur ne paye pas le prix (articles 1.612 et 1.613). La propriété n'en est pas moins transférée au débiteur et les créanciers de ce der-

(1) Même arrêt, D. 55, II. 551.
(2) Riom, 24 août 1865, D. 65, II. 161. — Cour de Savoie, 1er mai 1856, D. 57, II. 200.
(3) Même arrêt de 1856.

nier peuvent donc pratiquer sur lui l'expropriation et provoquer l'adjudication. — Mais ils ne pourront obliger le
vendeur à se dessaisir au profit de l'adjudicataire qu'à
condition de souffrir sur le prix d'adjudication, la déduction de la somme qui lui est due. Le vendeur, n eût-il pas
inscrit son privilège à temps et l'action résolutoire fût-elle
par conséquent anéantie en même temps que la sûreté
réelle, exercera en fait un véritable droit de préférence
sur l'immeuble, s'il a su s'armer de patience et conserver
la possession, sans exiger son paiement et pratiquer des
poursuites qui le priveraient de son droit de rétention,
jusqu'au jour où les autres créanciers du saisi en poursuivent l'expropriation.

Mais ce système suppose reconnue l'opinion qui sou-
tient que le droit de rétention est un droit réel opposable
aux tiers aussi bien qu'au débiteur. Dans le système opposé,
l'adjudicataire pourrait être mis en possession, malgré le
vendeur impayé.

2°. — *Créancier antichrésiste.*

Quoique l'antichrèse doive être transcrite depuis la loi
du 23 mars 1855 elle n'offre pas le caractère d'un démembrement de la propriété ou même d'une véritable sûreté
réelle. Elle confère à l'antichrésiste un double droit : 1°
jouir des fruits de l'immeuble. 2° droit d'en retenir la pos-

session jusqu'au paiement intégral de la dette garantie. Tout l'avantage du droit réside dans la détention de l'immeuble, cette possession est opposable aux tiers acquéreurs tant qu'ils n'ont pas désintéressé le créancier antichrésiste.

L'adjudication sur saisie immobilière n'est pas rendue impossible par le droit de l'antichrésiste (1), mais elle laisse subsister, dans l'opinion commune, sa possession à l'encontre de l'adjudicataire comme de tout tiers acquéreur. Cependant, comme l'adjudication se ferait dans ce cas à des conditions défavorables, le poursuivant peut, dans une clause du cahier des charges, déclarer : l'adjudication n'aura lieu qu'autant que la dernière enchère sera égale à la somme due à l'antichrésiste ; l'adjudicataire en deviendra le débiteur direct et lui versera le montant de sa créance en échange de la jouissance de l'immeuble (2). Le créancier désintéressé ne peut alors se refuser à délaisser la possession.

Mais une fois la possession perdue, l'antichrésiste qui n'a pas eu soin de se réserver contre l'adjudicataire une créance directe ne peut exercer un droit de préférence vis-à-vis des créanciers hypothécaires ; il est primé même par les créanciers inscrits après la transcription de son

(1) Paris, 2 août 1871, D. 71, II. 195.
(2) Cass. 51 mars 1851, D. 51, I. 65.

titre (1), et concourt avec les créanciers chirographaires sur le reliquat du prix d'adjudication (2). Il est donc évident que s'il a lui-même poursuivi l'expropriation au lieu de s'armer de patience et d'attendre les poursuites pratiquées par les autres créanciers, il se dessaisit lui-même irrévocablement en faveur de l'adjudicataire (3).

(1) Paris, 24 juillet 1852, D. 53, II. 54.
(2) Paris, 2 août 1871, D. 71, II. 195.
(3) D. 72, I, 555, note. — Cf. D. 96, II. 57, 5ᵉ cahier, note.

CHAPITRE III

Droits qui subsistent au profit des créanciers après l'effet extinctif de l'adjudication sur saisie.

Du jour où s'accomplit la purge du droit de suite attaché aux privilèges et hypothèques, il naît au profit des créanciers inscrits un droit irrévocable sur le prix dû par l'adjudicataire. Aucun d'eux, sans doute, ne peut s'en dire encore créancier personnel, puisque c'est la procédure d'ordre qui déterminera son rang et c'est la délivrance du bordereau de collocation qui lui donne un titre exécutoire contre l'adjudicataire ; mais ce dernier n'en devient pas moins le débiteur d'une masse de créanciers ; et l'ordre qui sera dressé ne fera que déclarer les droits préexistants des créanciers colloqués.

Quoique aucun des créanciers inscrits ne puisse invoquer contre l'adjudicataire un droit de créance personnel, il n'en sera pas moins contraint de remplir les obligations que lui imposent le cahier des charges, le paiement de son prix par exemple ; le poursuivant, agissant au nom de la masse des créanciers inscrits, entamera la procédure de folle enchère en prenant pour titre le jugement d'adjudication lui-même dont il se fera délivrer la grosse ; il est inutile, pour exercer cette action, d'attendre la délivrance des bordereaux (1).

Le droit de chaque créancier contre l'adjudicataire n'étant pas encore précisé, le montant de sa collocation n'étant pas encore connu (puisque même il n'est pas certain qu'il soit colloqué), le créancier qui se rend adjucataire ne saurait retenir, pour la totalité ou pour partie, son prix d'adjudication, jusqu'à concurrence de sa créance contre le saisi. Sa créance contre l'adjudicataire n'est en effet ni liquide, ni exigible, puisqu'elle dépend d'un événement incertain, sa collocation dans l'ordre. — Mais il est une autre raison qui fait obstacle à la compensation légale ; l'adjudicataire ne succède pas à la dette du saisi ; il n'y a pas, à l'égard des créanciers, substitution de débiteur, parce qu'il n'y a pas identité d'obligation ; l'adjudicataire s'est engagé à payer le montant de son enchère et les frais ; le saisi reste tenu personnellement de toutes les dettes qu'il a contractées et que n'éteint pas la répartition du prix d'adjudication. Il n'y a donc pas, dans l'adjudication, une novation par changement de débiteur (2).

(1) V. D. 1894. I. 281. arrêt de Req. et note. — Cf. D. 1894. I. 547 ; même procédure dans le cas où un ordre n'a pas été ouvert.
(2) Cass. 4 juin 1850. D. 50. I. 214. — D. 91. II. 275 (motifs).

Aussi a-t-il été jugé que la consignation du prix, la clôture et la radiation des hypothèques laissent, aussi bien que le jugement d'adjudication, le débiteur tenu entre les créanciers qui n'ont pas été désintéressés ou qui n'ont pas produit à l'ordre par leur négligence (1).

La survenance d'un événement qui aurait pour effet de substituer à l'adjudicataire un nouveau propriétaire est sans influence sur le droit au prix, acquis par les créanciers en vertu du jugement d'adjudication.

Ce droit n'est pas atteint par la survenance d'une surenchère ou d'une adjudication sur surenchère : cette adjudication a pour effet de substituer un nouvel adjudicataire à l'ancien ; mais son obligation est censée avoir pris naissance au jour de la première adjudication. — Il n'y a rien de changé que le chiffre du prix et la personne de celui qui en est tenu ; le droit pour les créanciers de recevoir la valeur intégrale de leur gage, en échange de la renonciation à leurs sûretés réelles, n'est pas atteint et la surenchère n'a pu qu'en augmenter l'étendue, en élevant la valeur de l'immeuble.

Si l'adjudicataire n'exécute pas ses engagements, le

(1) V. Paris D. 92, II. 486. — La prescription qui court au profit de l'adjudicataire contre les créances est la prescription de 30 ans, et non la péremption hypothécaire de l'article 2180. D. 89. I. 102. Civ. 25 avril 1888.

droit des créanciers sur le prix n'en est pas davantage affecté; car, si le nouvel adjudicataire n'offre qu'un prix inférieur à celui de la première adjudication, le fol enchérisseur est tenu de la différence entre ces deux prix, et même, au cas où le second serait supérieur, l'excédant en est attribué aux créanciers et, s'ils sont désintéressés, au saisi (article 740).

Dans ces deux cas, les créanciers ne trouvant en face d'eux qu'un nouvel adjudicataire, qui se lie envers eux par un contrat judiciaire semblable au premier jugement d'adjudication, n'ont pas à renouveler leurs inscriptions parce que leur droit s'est fixé sur le prix par l'effet de cette première adjudication. Ils n'ont pas à les renouveler à l'égard de l'adjudicataire, qui n'est pas un tiers, ils n'ont pas à les renouveler les uns à l'égard des autres, parce que c'est là une clause sous-entendue dans le jugement d'adjudication; les créanciers, en même temps qu'ils acceptent le prix offert par l'adjudicataire, renoncent à s'opposer réciproquement le défaut d'inscription.

Mais le simple droit au prix garde-t-il son efficacité à l'encontre des tiers qui ont acquis de l'adjudicataire un droit réel sur l'immeuble, tels qu'un créancier hypothécaire ou un nouvel acquéreur? Comment de simples créanciers chirographaires peuvent-ils inquiéter un tiers acquéreur par exemple, contre lequel le bordereau de collection n'est certainement pas exécutoire? On a décidé que dans le cas où l'adjudicataire revend, sans avoir payé son prix, l'immeuble adjugé, le droit hypothécaire survit a la revente et que le sous-acquéreur doit opérer la purge sur aliénation volontaire à l'égard des créanciers (1). Il semble que cependant le droit hypothécaire soit éteint, dans l'intérêt même des créanciers auxquels la loi confère une nouvelle garantie plus efficace.

La résolution du contrat judiciaire, intervenu entre l'adjudicataire, le saisi, et les créanciers, est en effet pour ces derniers un moyen plus sûr d'obtenir satisfaction. S'ils voulaient user contre l'adjudicataire ou ses créanciers de leur droit de suite, ils seraient obligés de pratiquer contre lui une seconde saisie, dont les frais seraient inutilement exposés ; tandis que la loi leur accorde une action résolutoire toute spéciale dont l'effet n'est pas de faire rentrer l'immeuble aux mains de leur débiteur (ce qui nécessiterait contre lui-même une seconde saisie), mais qui n'enlève à l'adjudicataire le droit de propriété que pour en faire l'objet d'une nouvelle mise aux enchères. Ce droit de résolution n'a rien de commun avec le droit hypothécaire : il est accordé à tous les créanciers liés à la poursuite, par exemple, à un créancier chirographaire qui en a pris l'ini-

(1) Ch. Civ. 5 mai 1855. D. v° *Privilèges et Hypothèques*, n° 1742. — Cf. pour le cas d'aliénation consentie par un adjudicataire après purge sur aliénation volontaire, Paris, 7 décembre 1895. D. 94. II. 521 et note.

tiative, peut-être même à un créancier chirographaire quelconque. La publicité de l'inscription et son renouvellement sont donc encore inutiles en cette circonstance (1). Car l'action résolutoire est une action réelle, et produit son effet contre les tiers auxquels l'adjudicataire a consenti des droits sur l'immeuble. Il a même été jugé que cette action résolutoire spéciale que la loi nomme folle enchère n'est pas soumise aux conditions d'exercice de l'action de l'article 1654 ; le fol enchérisseur n'a-t-il pas transcrit le jugement d'adjudication et son acquéreur a-t-il au contraire publié son acte d'acquisition ? Si le privilège du saisi n'a pas été inscrit avant cette transcription, il est éteint et l'action résolutoire devrait subir le même sort ; elle peut cependant être exercée.

(Il est vrai que cette solution s'impose pour les auteurs qui obligent l'acquéreur à transcrire les titres des auteurs de son vendeur). Voici une seconde faveur : l'immeuble a été saisi sur l'adjudicataire par ses propres créanciers, et il est adjugé à un tiers ; l'action résolutoire du saisi, eût-elle été conservée par la transcription du jugement d'adjudication qui l'a dépouillé, ne pourrait plus s'exercer après cette nouvelle adjudication (article 717) ; les auteurs, cependant, admettent que la folle enchère reste ouverte à ses créanciers.

(1) Chambéry, 12 mai 1869. D. 69. II. 164.

Néanmoins, le créancier hypothécaire peut volontairement reconnaître aux ayants-cause de l'adjudicataire leur qualité de tiers, au lieu de leur opposer comme il le peut, le défaut de droit de leur auteur dont le titre peut être résolu par l'exercice de la folle enchère. Il conserve la faculté de produire en vertu de son droit hypothécaire, à l'ordre ouvert sur l'adjudicataire après la saisie pratiquée sur lui par ses créanciers personnels. Mais ce droit reste alors soumis à la nécessité du renouvellement. Ainsi le créancier porteur d'un bordereau de collocation ne peut produire à l'ordre ouvert sur l'adjudicataire par ses propres créanciers, s'il n'a renouvelé son inscription jusqu'au jour de la nouvelle adjudication (1).

Si le droit au prix est irrévocablement fixé au jugement d'adjudication et se conserve de lui-même. la quotité du prix demeure également invariable malgré la revente, consentie par l'adjudicataire ou l'expropriation et la nouvelle adjudication prononcée sur lui.

En effet, lorsqu'un immeuble grevé d'hypothèques est

______

(1) Bordeaux, 31 juillet 1882. D. 84. II. 55. Le jugement contre lequel l'appel était formé admettait une solution contraire, mais il reconnaissait que le créancier eût pu poursuivre la folle enchère, dépendamment de toute inscription. — Pau, 2 mars 1891. D. 92. II. 225. — Cass. 4 juin 1850. D. 50. I. 214. — Req. 22 janvier 1879. D. 77. I. 249 (arrêt de Lyon confirmé).

vendu par le débiteur, puis transféré par l'acquéreur à un
nouvel acheteur, et qu'un ordre s'ouvre sur le prix de la
seconde vente, les créanciers du vendeur originaire aussi
bien que ceux de son acquereur ont le droit d'être colloqués sur l'intégralité du second prix, car ils auraient eu
le droit de saisir cet immeuble sur le tiers-acquéreur et
de se payer sur le prix d'adjudication quelque supérieur
qu'il soit au prix obtenu par leur débiteur. Si la plus-value
de l'immeuble ne tient pas à des circonstances fortuites
mais à des améliorations effectuées par l'acquéreur, celui-
ci a le droit de répéter les impenses qu'il a faites (1).

Mais du jour où un immeuble a cessé d'être le gage des
créanciers inscrits sur lui, et lorsque par l'effet de la
purge leur droit est devenu un droit de créance sur le prix
d'adjudication, les variations ultérieures de la valeur de
l'immeuble n'ont plus d'influence sur ce droit irrévocablement fixé. Ainsi (2) soit un immeuble grevé d'hypothèques
vendu à l'amiable, et acquis par un tiers qui opère la
purge et revend sans avoir payer son prix, les créanciers
personnels saisissent sur lui ; un ordre est ouvert, les
créanciers du vendeur ont le droit d'y prendre part, mais
ils ne seront colloqués que sur l'intégralité du premier
prix, que leur a offert l'acquéreur et qu'ils ont accepté,

(1) V· D. 95. I. 105, arrêt et note.
(2) D. 87. I. 213.

ils n'ont pas droit à l'excédent du prix d'adjudication sur cette somme. La fixation de la valeur de l'immeuble a été définitivement opérée à leur égard par la procédure de purge effectuée par l'acquérieur ; et le non paiement des bordereaux'délivrés contre lui, n'efface pas cette fixation. L'excédent du prix d'adjudication n'appartient qu'au saisi et à ses créanciers.

Une femme mariée subroge un tiers dans le bénéfice de son hypothèque légale, qu'elle a inscrite ; l'immeuble grevé est vendu, l'ordre s'ouvre, mais l'adjudicataire ne paye pas. Ses propres créanciers saisissent sur lui-même ; nouvelle adjudication et nouvel ordre ; le subrogé aux droits de la femme du saisi est colloqué par préférence à la femme de l'adjudicataire ; mais sur la totalité du prix de la seconde adjudication. La Cour suprême casse cette décision et limite sa collocation au prix fixé par la première (1).

Un immeuble indivis est saisi sur un mari par les créanciers de la communauté et adjugé pour le prix de 140.000 francs. Les héritiers de la femme poursuivent une licitation totale de l'immeuble, qui produit 180.000 francs. Les héritiers exigent que l'adjudicataire (c'est le mari qui, dans les deux adjudications, s'est porté dernier enchéris-

(1) Pau, 14 mai 1848. Cassé par Cass. 4 juin 1850. D. 50. 1. 214.

seur) paye l'intégralité de ce second prix. La Cour de cassation décide que la première adjudication est demeurée valable pour la part des biens revenant au mari dans la communauté, que la licitation n'a pu porter que sur la part de la femme, qui avait été saisie sur lui à tort puisqu'il n'en était pas propriétaire ; que le transfert de propriété, la purge, et la fixation du prix se sont opérés, quant à la part du mari, du jour de la première adjudication ; que, par conséquent, l'adjudicataire ne doit que la moitié du prix de l'adjudication (c'est-àdire 70.000 francs) plus la moitié du prix de la licitation (c'est-à-dire 90.000 francs) soit 160.000 francs et non 180.000 (1).

Il a été enfin jugé que les dommages-intérêts auxquels est condamné un adjucataire qui s'est rendu coupable d'entraves à la liberté des enchères, n'étant pas une partie du prix, se partagent au marc le franc entre tous les créanciers et ne sont pas distribués par voie d'ordre ; qu'en effet ce n'est pas comme adjudicataire mais comme auteur d'un délit, que l'adjudicataire est condamné à payer cette indemnité (2).

Il a été jugé cependant que l'indemnité due par un tiers coupable d'entraves à une adjudication sur folle en-

<hr>

(1) Cass. 27 août 1883. D. 84. 1. 503.
(2) D. 94. II. 445.

chère est distribuée par voie d'ordre aux créanciers qui n'ont pas été désintéressés par le fol enchérisseur, parce que c'est là un complément de prix sans lequel l'immeuble n'atteindrait pas sa valeur intégrale, qui est due aux créanciers hypothécaires et privilégiés (1). L'arrêt rapproche cette indemnité de la somme due par le fol enchérisseur aux créanciers hypothécaires à raison de l'écart qui existe entre les deux prix d'adjudication (article 740) et qui représente aussi un complément du prix.

Le délai pendant lequel un créancier non sommé peut invoquer son droit sur le prix n'est pas fixé par l'article 717, qui exige que l'incapable dont l'hypothèque n'est pas inscrite produise dans les quarante jours de la sommation adressée aux créanciers. Cependant l'analogie de leurs situations conduit à étendre cette règle au cas de créanciers soumis à inscription et non sommés. Mais dans l'hypothèse où l'erreur provient d'une omission du conservateur, l'article 2198 demeure applicable et la production est possible tant que l'ordre n'est pas homologué et que le prix n'est pas distribué (2).

---

(1) D. v° *Privilèges et Hypothèques* n° 2174. Req. 22 août 1842. — Cf. D. v° *Vente publique d'Immeubles*, n. 1825. Jugement du tribunal de Montmorillon confirmé par un arrêt de Poitiers et par cette décision de la Cour.

(2) D. 89. I. 102 ; production d'un créancier omis, après un délai de dix-sept ans ; son droit est reconnu parce que le prix est encore consigné. (Civ. Rejet, 25 avril 1888.)

L'adjudication n'est-elle pas suivie d'un ordre ? L'adjudicataire qui a effectué le paiement du prix aux mains du saisi est libéré de son obligation. Cependant si le prix est encore par lui dû, un créancier peut pratiquer une saisie-arrêt entre les mains de l'adjudicataire, qui ne pourra payer le saisi qu'à ses risques ; et le saisi ne pourra plus céder ou déléguer sa créance à un tiers.

L'extinction des hypothèques est subordonnée au paiement du prix, par l'adjudicataire, entre les mains des créanciers qui viennent en ordre utile et auxquels des bordereaux de collocation ont été délivrés. L'adjudicataire, employant le prix de son acquisition au paiement des créanciers dont les hypothèques grevaient l'immeuble, doit être de plein droit subrogé dans ces hypothèques. (article 1251 alinéa 2). Voici un cas où cette subrogation lui est utile.

Un adjudicaire n'ayant pas requis l'ouverture d'un ordre, paie à divers créanciers, premiers inscrits, une partie de son prix et fait radier leurs inscriptions. Il revend son immeuble après l'avoir grevé de nouvelles hypothèques, à un acquéreur qui opère la purge sur aliénation volontaire; un ordre est ouvert pour la distribution du prix ; les créanciers du saisi sont colloqués dans un premier ordre, ouvert sur le prix de l'adjudication forcée qui leur revient exclusivement et au delà duquel ils ne peuvent prétendre, comme on l'a vu déjà ; les créanciers de l'adjudicataire sont colloqués dans le second, sur l'excédant de la première adjudication sur la seconde. Cependant l'adjudicataire sur expropriation forcée a éteint une partie des hypothèques inscrites du chef du saisi ; il est subrogé dans ces hypothèques ; il peut donc, dans le premier ordre, les exercer au rang qu'elles avaient au jour de l'adjudication forcée ; de façon que cet adjudicataire reprendra sur le prix de la seconde adjudication, avant les créanciers qu'il n'a pas désintéressés, le montant des sommes qu'il a versées aux autres créanciers préférables en rang, et les créanciers postérieurs ne seront colloqués que sur le reliquat du prix de la première adjudication, ces sommes une fois déduites de ce prix (1).

Le créancier inscrit est colloqué pour deux années et l'année courante au même rang d'hypothèque que pour son capital (article 2151) ; il peut réclamer l'intérêt que produit sa créance pendant une durée de deux années, parmi celles qui lui sont dues, plus une fraction d'année comprise entre le dernier anniversaire de son inscription et la date à laquelle il demande sa collocation. Cependant,

(1) Req. 22 janvier 1877. D. 77 I. 249. La subrogation peut être exercée malgré la radiation des inscriptions, parce que le droit de préférence subsiste seul et n'a pas besoin d'être renouvelé, soit au profit de son titulaire primitif, soit au profit du subrogé, jusqu'à l'ouverture de l'ordre.

selon d'autres auteurs, ce n'est pas la demande en colla-
tion, mais l'adjudication qui met fin à l'année courante,
parce que dès ce jour l'hypothèque a produit son effet légal
et conféré aux créanciers un droit irrévocable sur le prix.
— Quant aux intérêts échus entre l'événement qui met fin
à l'année courante et le paiement, ils sont toujours dus,
car les lenteurs de l'ordre ne sauraient porter un préjudice
aux créanciers.

INFLUENCE DE QUELQUES INCIDENTS ANTERIEURS AU JUGEMENT D'ADJUDICATION SUR LES EFFETS DE CE JUGEMENT.

Les véritables incidents de la saisie sont des contesta-
tions soulevées au cours des poursuites et qui exercent
sur sa marche et son issue une influence variable. La folle
enchère (que la loi énumère cependant dans la liste des
incidents) et la surenchère supposent l'adjudication prononcée au contraire. Leur effet sur les droits de l'adjudicataire donne lieu à des questions d'une extrême importance, mais qui ne rentrent pas dans une étude consacrée
aux effets de l'adjudication primitive. Il convient, au
contraire, d'examiner l'effet des incidents sur les droits
des parties.

Tout incident donne lieu à une instance, et la contes-
tation qu'il soulève est tranchée par une décision conten-

tieuse, un véritable jugement. Lorsque le jugement d'adjudication statue en même temps sur un incident, il devient donc susceptible d'appel (art. 739) (1). Il a, entre les parties, l'autorité de la chose jugée ; il emporte hypothèque judiciaire au profit d'une des parties contre l'autre lorsqu'il prononce une condamnation ; mais à l'égard de l'adjudicataire, il ne produit jamais les effets d'une décision contentieuse, puisqu'il n'est qu'un procès-verbal constatant que telle personne, ayant mis la plus forte enchère, a été déclarée adjudicataire.

La jonction de deux saisies, la subrogation dans les poursuites, la radiation de la saisie suivie de la reprise d'une autre saisie antérieurement commencée, mais dont la première avait arrêté le cours parce qu'elle avait été transcrite avant elle, n'ont d'autre effet que de diminuer les offres des enchérisseurs en augmentant le chiffre des frais mis à leur charge (la clause qui met les frais extraordinaires à la charge de l'adjudicataire est en effet de style, à Paris du moins).

Restent : les demandes en nullité et en distraction, la conversion de la saisie en vente volontaire.

Les demandes en nullité (comme on l'a vu déjà dans l'étude de l'éviction) sont de deux sortes ; les unes ten-

(1) Il n'en est pas susceptible en principe, puisque ce n'est pas une décision contentieuse. V. Req. D. 91, I. 200. — Civ., 17 décembre 1849. D. 50, I. 52.

dent à démontrer que la saisi ne pouvait être valablement pratiquée (exemple : le poursuivant n'est pas ou n'est plus créancier du saisi ; les articles 2205 et suivants [immeubles indivis, immeubles de mineurs] n'ont pas été observés) ce sont des nullités de fond. Les autres supposent l'inobservation des formes et des délais prescrits par la loi (exemple : les formalités prescrites par les textes qu'énumère l'article 715).

Ces nullités, soit de forme, soit de fond, sont divisées en deux catégories. Ont-elles été commises à l'occasion d'un acte de la procédure antérieur à la publication du cahier des charges ? elles sont couvertes si elles n'ont été proposées trois jours au plus tard avant cette publication (article 728). S'agit-il de nullités postérieures ? (c'est-à-dire de nullités relatives à l'omission des formalités de publicité collective) ? elles ne peuvent être soulevées que trois jours avant l'adjudication au plus tard (729). L'adjudicataire ne peut donc être inquiété, en principe, par une demande en nullité des poursuites, fut-ce une nullité de fond (1).

Cependant, 1° le poursuivi en cassation reste possible contre une nullité qui se trouve dans le jugement même d'adjudication:

____

(1) Exemple : l'indivision (2205) : Req. 18 mai 1881. D.82, I. 265. — Cf. Civ. rej., 5 janvier 1872. D. 73, I. 121.

2° La déchéance de l'article 728 ne peut atteindre les créanciers que le poursuivant pouvait sommer et qu'il a négligé de lier à la procédure ; ils agiront alors par voie principale contre l'adjudicataire, la demande ne pouvant revêtir la forme d'un incident que si elle est antérieure à l'adjudication.

3° Il a été jugé que, lorsque c'est le poursuivant qui a été déclaré adjudicataire, la nullité de la saisie fondée sur le vice de son titre peut être demandée par le saisi après l'adjudication, parce qu'ici l'éviction ne frappe pas un adjudicataire étranger aux poursuites et qui ne peut être rendu responsable de leurs irrégularités (1).

D'ailleurs, un adjudicataire (ou ses créanciers hypothécaires) ne saurait invoquer la nullité de l'adjudication afin de se soustraire à ses engagements envers les créanciers saisissants (2).

Tandis que l'adjudication couvre les vices de la procé-

___

(1) Civ. rejet, 19 août 1856. D. 56, I. 529. — (Saisie pratiquée en vertu d'un jugement par défaut auquel il a été formé opposition et qui est ensuite rétracté). — Cf. les arrêts cités. D. v° *Vente publique d'Immeubles*, n° 1232.

(2) Même arrêt de 1856. — Cf. D. 91, II. 72. Pau (Il ne peut de même demander la nullité d'une clause du cahier des charges après l'adjudication, car il est censé l'avoir connue et acceptée en se portant enchérisseur. Orléans, 14 mai 1850. D. 50, II. 61 . — V. cependant Civ. rejet, 5 janvier 1872. D. 75, I. 21.

dure et rend impossible l'exercice des actions fondées sur
ces irrégularités, l'exercice d'une demande en revendication de la propriété ou d'un de ses démembrements
survit à l'adjudication. Grâce à l'imperfection du système
de publicité des droits réels, une saisie a pu être pratiquée
au mépris des droits d'un vrai propriétaire, ou d'un usufruitier, ou du titulaire d'une servitude. L'effet extinctif
de la purge, limité anx garanties réelles qui sont l'accessoire d'une créance, n'atteint pas les droits réels principaux ; ils survivent à l'adjudication contre l'adjudicataire.
Seulement, la réclamation élevée par leur titulaire revê-
tira une forme différente ; avant l'adjudication, c'est une
demande en distraction ; elle est formée contre le poursuivant et le saisi (cependant, vu sa gravité, elle est de
plus signifiée au premier créancier inscrit, ou au second,
si c'est le poursuivant qui a ce titre) ; est-elle exercée
après l'adjudication ? c'est une demande principale dirigée
contre l'adjudicataire, qui prétend aux droits d'un propriétaire sur l'immeuble adjugé (1). — Le propriétaire,
qui était depuis une année au moins en possession paisible de l'immeuble adjugé peut se pourvoir au posses-
soire afin d'obtenir, dans l'instance sur le fond, le rôle
de défendeur.

(1) V. Toulouse, 11 août 1825. D. v° *Vente publique d'Immeubles*,
n 1148. — Colmar, 20 janvier 1831, *ibid.*

La distinction de l'action en nullité et de l'action en distraction a fait surgir sur une de ses applications une grave controverse. Une saisie est pratiquée sur un immeuble dotal appartenant à une femme mariée, par les créanciers du mari ou par ceux de la femme ou du constituant dont le titre n'a pas date certaine avant le mariage (art. 1558.) La femme a le droit d'opposer l'insaisissabilité de sa dot (art. 1554); mais est-ce là une demande en nullité de la saisie qui ne peut être exercée que pendant les poursuites, ou une demande en distraction ?

Il est un cas cependant où le doute n'est pas possible ; l'expropriation a-t-elle été poursuivie contre le mari parce qu'il était considéré comme propriétaire de l'immeuble ? l'action révocatoire de l'article 1560 n'est pas ici en cause; ce n'est pas une demande en nullité, c'est une demande en distraction ou en revendication qui est accordée à la femme, et l'adjudication n'a pas d'effet sur elle parce que le véritable propriétaire peut en tout temps revendiquer son immeuble saisi et adjugé *super non domino*. Tandis que l'action que la femme exerce en vertu de l'art. 1560 s'éteint par dix ans, depuis la dissolution du mariage (art. 1304), l'adjudicataire ne sera mis à l'abri de la revendication que par une prescription acquisitive de dix, vingt ou trente ans, selon les distinctions des art. 2262 et 2265 (1).

(1) Exemple : Bordeaux, 9 juin 1857. D. 57. II, 216 ; la femme peut

La difficulté apparaît quand l'immeuble a été saisi soit sur le mari et la femme conjointement, soit sur la femme elle-même. Ici encore cependant, il n'est pas douteux que, si la femme attaque la procédure par voie d'action en nullité, sa demande est recevable si elle est intentée dans les délais de l'art. 728 ; mais elle doit être proposée trois jours avant la publication du cahier des charges, car la déchéance de l'art. 728 frappe les moyens de fond comme les moyens de forme (1). Mais il reste à décider si l'extinction de l'action en nullité de l'art. 728 laisse subsister l'action révocatoire de l'art. 1660, ou si ce n'est que sous forme d'incident que la demande est recevable.

Dans un premier système, l'article 728 ne vise que les nullités basées sur le défaut de droit du poursuivant, son incapacité, le vice de son titre ; il ne saurait s'appliquer à une nullité fondée sur la nature du bien saisi, qui est d'être insaisissable (2).

Mais le système contraire triomphe aujourd'hui, et l'action révocatoire ne peut être intentée après le délai de

exercer l'action en revendication, si elle n'est intervenue à la saisie que pour former une demande de sursis aux poursuites et une protestation contre leur validité. Car elle ne peut être considérée alors comme partie à l'instance.

(1) D. v° *Vente publique d'Immeubles*, n° 1220 : Civ. 20 août 1823. — Bordeaux, 1er février 1839. — Req. 20 août 1822.

(2) Civ. 11 juin 1828 ; motifs, Rouen 26 juin 1824. D. *ibid.* n° 1221. — Agen, 8 février 1861. D. 61. II. 57.

l'article 728 ou tout au moins après l'adjudication. Les termes de l'article 728 ne permettent en effet d'établir aucune distinction entre les divers moyens de fond ; il est arbitraire de limiter ce texte aux nullités relatives au poursuivant. Mais on aurait tort surtout, de considérer l'action révocatoire comme fondée sur l'insaisissabilité des biens dotaux. La femme qui demande la restitution de son immeuble s'attaque à une aliénation qui a une existence légale et doit être respectée; dans le texte primitf de l'article 1650, on qualifiait l'aliénation de *radicalement nulle* ; ces mots ont été supprimés. En réalité, il n'est pas de la nature de l'immeuble dotal d'être insaisissable ; l'inaliénabilité n'est pas un caractère imprimé à l'immeuble par le régime dotal. elle a pour fondement une simple incapacité de la femme et pour sanction une nullité relative ; une prescription de dix ans éteint l'action révocatoire, parce que la femme est alors censée avoir renoncé à l'exercer ; enfin elle peut toujours ratifier, après la dissolution du mariage, l'aliénation de son bien.

Mais, pourrait-on objecter, quel est, pour la femme, le moyen d'agir, puisque pendant le mariage le mari exerce seul toutes les actions dotales ? Elle reprendra sa liberté d'action en demandant la séparation de biens.

En réalité la femme est ici partie à l'instance au même titre que les créanciers inscrits, car elle ne peut ignorer l'existence d'une poursuite pratiquée contre elle seule ou contre elle et son mari, et qui lui est dénoncée par conséquent. Aussi la plupart des arrêts la déclarent-ils déchue du droit de révocation contre l'adjudicataire (1). D'ailleurs il est admis que la femme peut demander dans l'ordre, l'attribution du prix d'adjudication, qui représente la valeur de l'immeuble dont elle est dépouillée. Mais elle pourra être obligée à justifier d'un emploi avant de le recevoir (2). Cette somme sera dotale.

La renonciation à l'action en revendication peut s'induire de l'absence de réserves au cours de la saisie pratiquée contre le titulaire de l'action. Ainsi l'héritier bénéficiaire poursuivi sur ses biens personnels pour une dette de succession peut demander la résolution de l'adjudication malgré l'expiration du délai de l'article 728, car il revendique un immeuble saisi par des créanciers dont il n'était pas le gage. Mais s'il a laissé pratiquer sans protester son expropriation, il peut être considéré comme ayant tacitement renoncé à la qualité d'héritier bénéficiaire et au droit de revendiquer son immeuble. (Req.

(1) Civ. Rej. 28 août 1861. D. 61. I. 580. — Toulouse 12 juin 1860. D. 61 II. 35 (motifs). — Req. 9 mars 1870. D. 72. I. 86. — Req. 21 mars 1875. D. 75. I. 488.

(2) Reg. 50 avril 1850. D. 50, I, 273. — Remarque : La femme qui demande la nullité de l'échange dont son immeuble a été l'objet exerce une action en revendication que n'éteint pas l'adjudication. Civ. 5 avril 1885. D. 84, I, 25.

18 mai 1841. D. v° *Vente publique d'immeubles*, n° 1215.)

Enfin le tiers détenteur poursuivi par un créancier hypothécaire de son auteur ne saurait, après l'adjudication, revendiquer l'immeuble sur le motif qu'il en a toujours été propriétaire et que par suite les droits consentis par son auteur et la saisie pratiquée par ses créanciers n'ont pas de fondement juridique ; car il a été lié à la poursuite en qualité de saisi et en a tacitement accepté les conséquences. (Cass. 29 août 1855. D. 55, I, 406.)

La conversion de la saisie immobilière en vente volontaire judiciaire peut être demandée par les intéressés, c'est-à-dire le poursuivant, le saisi et les créanciers s'ils sont déjà liés à la poursuite (art. 743), dès que la transcription de la saisie a été effectuée et que par conséquent une autre saisie, indépendante de la première, ne peut plus s'effectuer. La vente se fait alors comme une vente de bien de mineurs.

Avant la loi du 2 juin 1841, la conversion avait pour avantage d'éviter les frais de la saisie immobilière; depuis que les formes en ont été simplifiées, elle garde encore une supériorité qui la fait adopter (à Paris du moins), dès qu'il s'agit d'une vente de quelque importance : « le débiteur « cesse d'être exproprié ; désormais il concourt lui-même « à la vente ; ce n'est plus sa dépossession forcée qui s'o-

« père, c'est une liquidation à laquelle il se prête » (1).
Aussi n'a-t-il plus de motifs pour se refuser à fournir sur
l'étendue et la valeur de son droit, les titres et les renseignements nécessaires à la sécurité de l'adjudicataire ; l'é-
tablissement de la propriété deviendra possible, et l'offre
des enchérisseurs sera plus élevée. La mise à prix est fixée
d'un commun accord entre les parties et le poursuivant
n'est pas tenu de prendre l'immeuble à ce prix à défaut
d'enchérisseurs (Bordeaux, 8 août 1843, D. v° *Vente pu-*
blique d'Immeubles, n° 1140). Le débiteur étant ici un
aliénateur volontaire, est soumis à toutes les obligations
d'un vendeur et spécialement à l'obligation de garantie (2),
mais sa situation ne diffère pas de celle du saisi si l'on reconnait à ce dernier les mêmes obligations. — D'ailleurs
la garantie des vices cachés et la rescision pour lésion
sont exclues de cette vente comme de toute vente judiciaire.

Comme dans l'expropriation forcée, l'effet extinctif de
la purge est attaché à la renonciation volontaire des créanciers hypothécaires ou privilégiés en faveur de l'adjudicataire. Deux cas peuvent se présenter.

La conversion a t-elle été consentie avant la sommation

(1) Rapport de M. Pascalis à la Chambre des Députés. D. v° *Vente
publique d'Immeubles,* n° 145, page 579.
(2) Paris, 25 février 1850. D. 50, II. 154. — Req., 26 janvier 1875.
D. 75, I, 124.

de l'article 692 qui lie les créanciers aux poursuites? elle ne produit à leur égard que les effets d'une vente volontaire et l'adjudicataire, pour éteindre leur droit de suite, devra en opérer la purge, et leur demander, dans la forme des notifications de l'article 2183, le consentement à l'aliénation de leur gage qui ne leur a pas été demandé au cours de la saisie; ils conservent, s'ils acceptent le prix, le droit de surenchérir du dixième dans les quarante jours des notifications (1). Cependant l'hypothèque du poursuivant est purgée, quand c'est lui qui a conservé la direction de la procédure.

La conversion est-elle demandée après que les créanciers ont été liés aux poursuites? leur sort n'est plus laissé à la discrétion du poursuivant, de même qu'il n'en pourrait plus opérer la radiation sans le concours des créanciers, depuis la mention des sommations en marge de la transcription de la saisie, de même il ne peut en obtenir la conversion sans leur adhésion (par une anomalie de la loi, il est obligé de la demander dès la signification des sommations dans ce cas, article 743, alinéa 3) (2). — L'adhésion des créanciers entraine l'extinction de leur droit de

(1) Rapport de M. Pascalis. D. v° *citat.* n· 159. — Caen, 17 juin 1874. D. 77, v. 597. — Amiens, 17 mai 1851. D. 54, II, 60. — Si l'adjudicataire revend l'immeuble sans avoir purgé, les créanciers ont droit au prix de vente et ne sont pas tenus de se contenter du prix d'adjudication qu'ils n'ont pas accepté.

(2) Civ., 11 novembre 1862, D. 62, I. 504.

suite dans les mêmes conditions qu'au cas d'expropriation forcée et pour les mêmes raisons. Ils ne pourront donc
après l'adjudication que surenchérir du sixième pendant
huit jours comme tout amateur, et leur droit de suite
étant anéanti à l'encontre de l'adjudicataire, ils ne peuvent, comme à un tiers détenteur, lui faire sommation de
payer le montant intégral de leur créance ou de délaisser
l'immeuble (article 2169) (1).

Les hypothèques des créanciers qui ont adhéré à la
conversion ayant produit leur effet légal au jour de l'adjudication, sont dispensées du renouvellement. Celles des autres créanciers ne peuvent s'exercer qu'en vertu d'une inscription encore vivante à l'encontre de l'adjudicataire.

Des difficultés se sont élevées sur le sort de l'action du
vendeur. Elle n'est pas purgée si la conversion a précédé
les sommations de l'article 692. Mais que décider si le
vendeur a été sommé ? Il a concouru à la conversion et ne
peut résoudre une adjudication à laquelle il a pris part.
— Mais l'adjudicataire n'a pas besoin ici du bénéfice de
l'article 716, puisqu'il a pu se mettre en rapport avec le
débiteur, et apprendre de lui si les précédentes aliénations
ont été soldées, tandis qu'un adjudicataire n'obtiendra pas
ces renseignements du saisi, peu disposé à favoriser son
expropriation (2). On pourrait répondre que cette remarque

(1) Dijon, 24 mars 1847. D. 54, II. 60.
(2) D. 52, II, 250.

s'applique à toutes les ventes volontaires, faites en justice, mais que le cas de la vente sur conversion est tout spécial, puisque la conversion exige le concours des parties intéressées, parmi lesquelles le vendeur. Comment expliquer du reste son adhésion autrement que par une renonciation à l'article 1654? — Néanmoins, il semble bien résulter de la discussion de la Chambre des députés (18 janvier 1841), que, malgré l'affirmation du ministre qui déclarait l'article 717 applicable à la vente sur conversion, aucun article du projet n'établissait cette application, et que, par suite, la déchéance qu'il prononce doit être strictement interprétée. L'action peut être d'ailleurs réservée malgré la production à l'ordre. Enfin, elle est soumise à l'extinction qu'édicte l'article 7 de la loi du 23 mars 1855.

La valeur du système légal d'expropriation forcée, dont l'influence est capitale sur le crédit immobilier, est subordonnée tout entière à la sécurité qu'accorde la loi aux enchérisseurs. Quelle est la situation d'un adjudicataire sur saisie immobilière? Il est rare qu'il ait à redouter une éviction de la part d'un créancier hypothécaire ou privilégié, ou d'un vendeur que n'a pas atteint l'effet de la purge ; un semblable danger n'est guère qu'une exception. Mais le manque de sécurité est absolu à l'égard des titulaires de droits réels principaux ou d'actions résolutoires

et rescisoires ; et l'éviction, ici, reste toujours possible,
malgré l'adjudication. Sans doute, un triple recours est
ouvert à l'adjudicataire ; contre les créanciers, il peut
demander la répétition de son prix, mais il court le risque
de les trouver insolvables ; contre le poursuivant, il a
droit à des dommages-intérêts, mais à condition de
démontrer que la cause d'éviction était connue de lui et
qu'il est coupable de négligence ; contre le saisi, il peut
exercer l'obligation de garantie dans toute son étendue,
mais l'insolvabilité du débiteur est le plus souvent certaine. Le seul moyen de faire disparaitre l'incertitude qui
plane sur la propriété du saisi et qui jette une défaveur
sur l'immeuble, serait de le décider à concourir à l'expropriation en révélant l'étendue de ses droits et les origines
de sa propriété ; la conversion de la saisie remplit le but ;
mais si elle est obtenue avant les sommations aux créanciers inscrits, elle ne purge pas leurs hypothèques, et
tandis que s'évanouit pour l'adjudicataire une chance
d'éviction, une autre reparait ; si elle est obtenue après
ces sommations, elle suppose le concours, souvent impossible à obtenir, de tous les créanciers inscrits et du vendeur.

Tandis qu'un acquéreur volontaire n'achète qu'après
vérification des titres de son auteur, l'adjudicataire acquiert un immeuble inconnu, et les droits des tiers sur
sa propriété ou ses démembrements peuvent rester long-

temps ignorés après l'adjudication, puis se révéler soudainement. — Cependant la loi du 23 mars 1855 n'est-elle pas établie dans le but de révéler les mutations de droits réels immobiliers ? — La publicité qui résulte de ces registres est incomplète ; en réalité, elle ne s'étend pas aux mutations sucessives dont l'immeuble a été l'objet, parce que les actes relatifs à l'immeuble adjugé sont dispersés sous le nom des différents propriétaires aux mains desquels il a passé ; reconstituer l'historique de la propriété est donc difficile.

Un autre système a été proposé ; grouper tous les actes relatifs à l'immeuble sur une feuille du registre qui lui serait uniquement consacré, établir son état-civil ; c'est ce qu'on nomme un *livre foncier*. Chaque propriété foncière ayant son compte ouvert sur les registres, les droits du saisi, les charges qui grèvent le bien adjugé, apparaitraient au premier coup d'œil, et l'enchérisseur renseigné par l'établissement de la propriété que reproduirait le cahier des charges, n'hésiterait plus à élever ses offres. Mais ce système favoriserait en même temps les prêts hypothécaires, pour une double raison ; chaque créancier apprécierait, au moment où il contracte, la valeur du gage que lui offre son débiteur ; et surtout il serait certain, le jour où l'immeuble serait saisi et adjugé sur son débiteur ou sur un tiers détenteur, de recevoir la sommation de l'article 692 ; le poursuivant aurait toujours la possibilité matérielle de sommer tous les créanciers inscrits du chef des précédents propriétaires, car, connaissant les noms de ces derniers, il se ferait délivrer l'état des inscriptions prises de leur chef. La publicité des hypothèques légales devrait compléter le système, qui donnerait satisfaction, comme on le voit, à tous les intéressés. Il resterait cependant à trouver un moyen de révéler les mutations par **décès** ; et la nullité pour incapacité ou vice de consentement **reste-**rait toujours occulte. Mais l'énormité de ce travail, qui suppose une réfection complète du cadastre, en retardera longtemps sans doute l'exécution, grâce à l'extrême division de la propriété foncière, dont chaque parcelle nécessiterait une feuille spéciale sur le registre public.

TABLE